La mejor guardería,
tu casa

La mejor guardería, tu casa

Criar saludablemente a un bebé

Eulàlia Torras de Beà

Plataforma Editorial
Barcelona

Primera edición en esta colección: octubre de 2010

© Eulàlia Torras de Beà, 2010
© de la presente edición, Plataforma Editorial, 2010

Plataforma Editorial
c/ Muntaner, 231, 4-1B – 08021 Barcelona
Tel.: (+34) 93 494 79 99 – Fax: (+34) 93 419 23 14
www.plataformaeditorial.com
info@plataformaeditorial.com

Depósito legal: B. 39.968-2010
ISBN: 978-84-15115-06-9
Printed in Spain – Impreso en España

Diseño de cubierta:
Jesús Coto
jesuscoto.blogspot.com

Fotocomposición:
Serveis Gràfics Rialtex

El papel que se ha utilizado para imprimir este libro proviene
de explotaciones forestales controladas, donde se respetan
los valores ecológicos, sociales y el desarrollo sostenible del bosque.

Impresión:
Romanyà-Valls
Verdaguer, 1 - Capellades (Barcelona)
www.romanyavalls.com

Índice |

Agradecimientos

Doy las gracias al Sr. Víctor-M. Amela por haberme permitido transcribir la entrevista que constituye la primera parte de este libro.

Agradezco al Sr. Rafel Ballús su esfuerzo de leer un borrador avanzado de este escrito y, con su «lectura crítica», ofrecerme inestimable ayuda para precisar datos, información y frases que considero que han dado mayor solidez al conjunto de este texto.

Mi gratitud también para la Dra. Celeste Daher, que generosamente me ha ofrecido sus observaciones y estudios de bebés, ilustración de gran valor para los objetivos de este trabajo.

Muchas gracias a la Dra. Remei Tarragó Riverola por haber compartido conmigo y haberme permitido utilizar su impresionante comunicación sobre los niños prematuros.

La aventura de este libro |

La aventura de este libro comenzó con una entrevista, realizada por Víctor-M. Amela para *La Vanguardia* (sección «La Contra»), publicada el 23 de noviembre de 2009. La transcribo a modo de *abstract* de lo que desarrollo a continuación.

«La guardería no puede criar saludablemente a un bebé.»

¿Qué tiene de malo una guardería?
Es algo que necesitan los padres..., pero no es lo que necesita un bebé.

¿Y qué necesita un bebé?
La cercanía cálida, constante y segura de sus amorosos padres.

Pero si los padres no pueden...
Dejan a sus bebés cada vez más tempranamente en guarderías, sin calibrar las consecuencias...

¿A qué edad entran los bebés en guarderías?
¡Con cuatro meses! Algo impensable hace cuarenta años...

¿Y qué consecuencias tiene esto?
Mala crianza. Asumimos como normal que nuestros bebés enfermen, ¡y no lo es!

¿Enferman por culpa de la guardería?
Multiplica las posibilidades de enfermar: el bebé está más expuesto a gérmenes... y, sobre todo, más propenso a toda afección.

¿La guardería acentúa la propensión a enfermar del bebé?
Sí. El propio hogar, los brazos de mamá y papá, un círculo reducido de personas... ¡eso es lo que fortalece emocional, cognitiva y físicamente al bebé! La guardería, en cambio, puede comprometer su desarrollo.

¿Tanto como eso?
El ingreso en la guardería lo hace retroceder temporalmente en competencias que está adquiriendo, como hablar, caminar...

¿Por qué?
Un entorno estable proporciona seguridad al bebé, seguridad que lo anima a explorar: así madura bien. Alterar su entorno le resta seguridad, lo que frena su desarrollo.

¿No está dramatizando, doctora?
Lo confirman los últimos hallazgos en neurociencias y psicología evolutiva.

¿Me los resume?
De los cero a los dos años, cuando más plástico es el cerebro, las neuronas del bebé se desarrollan según la calidad de los estímulos que recibe por interacción con las personas centrales de su mundo: abrazos, achuchones, caricias, risas, balanceos, movimientos, sonidos, voces, cantos, palabras, mimos, cariños, músicas, olores, colores, sabores...

¿Y besos?
Y besos. Todo eso sofistica y enriquece su sistema neural y nervioso, el sistema desde el que establece su relación emocional y cognitiva con el mundo y consigo mismo.

¿La guardería no da esos estímulos?
Imposible en grado óptimo, improbable en el necesario, difícilmente con la intensidad y calidad de unos papás atentos y amorosos.

Ya no existen a tiempo completo.
Y quizá por eso llegan cada día a las consultas más psicopatologías en niños cada vez menores... ¡España es ahora el tercer país que más psicofármacos receta a menores! Cortamos síntomas sin analizar causas.

También padecemos en España un elevado fracaso escolar. Tampoco analizamos causas, preferimos castigar o etiquetar: «trastorno por déficit de atención e hiperactividad», y medicar.

Ir pronto a la guardería, ¿no garantiza una mejor escolaridad ulterior?
No. Hay que escolarizar al niño justo cuando empieza a quedársele pequeño su hogar.

¿Y a qué edad sucede eso?
No antes de los tres años.

¿Tan tarde?
En Finlandia los padres no están obligados a escolarizar a sus hijos ¡hasta los siete años! Y Finlandia es el país con menos fracaso escolar de Europa, vea el informe PISA.

Seguro que concurren otros factores...
El principal es que el Estado sufraga durante el primer año a los padres. Y luego permite horarios laborales intensivos o reducidos. Así, ¡los padres pueden criar a sus hijos! Y un niño bien criado en casa llegará a la escuela muy estimulado, con ganas de descubrir. Y aprenderá más y mejor.

O sea, que deberíamos mimar al bebé.
Atender sus necesidades de hambre, sueño y –sobre todo– cariño. No es sobreprotegerlo, ¡es protegerlo de lo que ven-

drá! Porque el niño así criado gozará de estabilidad emocional, autoestima y coherencia: estará bien preparado para los reveses que vendrán.

¿Y no será así si se ha criado con mucha guardería o en un orfanato?
La pobreza de estímulos empobrece su desarrollo: serán niños poco orientados, intemperantes y más agresivos, más vulnerables a la frustración, más depresivos...

Diga algo bueno de las guarderías.
Muchas tienen excelentes cuidadoras, pero repartirse entre tantos niños imposibilita la calidad de la atención personalizada.

Mejor una guardería que algún hogar.
Ante un hogar con abandono, conflicto permanente y agresividad crónica, ¡mejor una guardería, sí! La guardería es útil en ciertos casos y momentos, pero no es la opción principal para criar saludablemente a un bebé.

Envíe un mensaje a los padres.
Uno de la doctora Julia Corominas: «Dedicar tiempo a los hijos de pequeños os ahorrará mucho tiempo cuando sean mayores». Ahorro en salud física, mental y emocional.

¿Qué haría si mandase en España?
En vez del populismo político de inaugurar guarderías, sub-

vencionaría a los padres para que dedicasen tiempo a criar a sus hijos hasta los tres años: ¡eso sí sería progresista!

En algo sí habremos progresado en los últimos cuarenta años.
Sí: en conocimiento. Sabemos cómo optimizar el desarrollo de los niños. ¿Por qué no lo aplicamos? ¿Queremos su felicidad futura?

* * *

En esta entrevista mi propósito fue explicar, desde mi experiencia como psiquiatra y psicoanalista de niños y adolescentes, la importante función de la crianza, la forma como ha sido influida por los cambios sociales de estos últimos decenios y los reajustes legales y laborales que como sociedad tenemos pendientes para que los padres que lo deseen puedan conseguir una conciliación real entre el cuidado saludable de sus hijos y sus condiciones laborales. Considero que mientras no se consigan estos imprescindibles reajustes estaremos en un simulacro de conciliación que no beneficia para nada a nuestros bebés, ni en el presente ni en su futuro.

La publicación de esta entrevista generó mucha respuesta. Muchas fueron las personas que escribieron cartas al director de *La Vanguardia*, mandaron correos con sus opiniones y, especialmente, colgaron sus opiniones en webs y blogs en internet. En muchas de estas comunicaciones se expresaba tanto la forma de pensar en relación al tema de la entrevista, como, lógicamente, la reacción emocional a lo que allí se decía. A diferencia de lo que esperaba, predominaron las respuestas favorable a mi punto de vista, aunque naturalmente hubo muchas expresiones de desacuerdo y hasta de enfado. Todas estas respuestas fueron estímulos para continuar reflexionando y para plantearme otros matices y puntos de vista siempre útiles. En cierto sentido están en el punto de partida de este libro de la misma forma que lo está la entrevista de Víctor-M. Amela. Por esta razón agradezco mucho la colaboración que todos y cada uno me brindó con su escrito. En la segunda parte de este texto transcribiré y comentaré algunas de estas respuestas.

Deseo ofrecer esta experiencia a los padres y madres que se están planteando la crianza de sus bebés y de sus hijos pequeños, aquellos que quieren conseguir una verdadera conciliación entre la atención a las necesidades del bebé y la atención a su vida laboral. También a aquellos progenitores que deseen volver a pensar sobre las decisiones tomadas y aun a los que han decidido criar –o están criando– a sus hijos en casa y quieran re-plantearse la calidad de la relación y de las interacciones con ellos.

Introducción |

Hoy en día, después de más de treinta años de experiencia en el tipo de crianza y en el sistema educativo actual, están surgiendo voces de padres y de profesionales que reclaman medidas para una conciliación real entre las necesidades del bebé[1] para una evolución sana y las condiciones de su trabajo. Se trata de artículos, cartas en los periódicos, grupos de padres que se unen para reclamar leyes y prestaciones que los ayuden para poder ejercer su derecho a ocuparse personalmente de sus bebés[2] e hijos pequeños.[3] De momento, no obstante, esas voces son todavía tímidas.

1. En general llamamos «bebé» al niño hasta el año y medio o los dos años, es decir, desde el nacimiento hasta que su marcha se ha desarrollado completamente y ya no camina con una ampliación de la base de sustentación (léase piernas separadas), sino que ha superado esta fase y, por tanto, puede aprender a correr.

2. Para no tener que referirme constantemente a un género y al otro –bebé/beba, niño/niña, hijo/hija, padre/madre– usaré siempre el genérico para significarlos a ambos.

3. Entre muchos otros y a título de ejemplo: Roser Jordà (2007); Dr. Santiago García-Tornel (2007). «Carta al Ministro Maragall» (2008); etc.

El 4 de enero de 2007, un grupo de varios centenares de padres mandó una carta abierta al consejero de Educación del Gobierno catalán, Ernest Maragall, con motivo de una propuesta de ley de educación. Se quería implantar como obligatoria la escolaridad a partir de los tres años, a pesar de que nuestro país parece ser la demostración de que cuantas más horas de actividades fuera de casa tienen los niños, peor es su resultado académico. En esta carta, entre otras cosas, los padres citan los informes publicados poco antes por las universidades de Stanford y Berkeley[4] sobre los riesgos de la educación preescolar, que «si bien favorece la adquisición de habilidades cognitivas», dicen, «incide negativamente en el desarrollo social y emocional de los pequeños, generando un incremento de los problemas de conducta».

Citan también el estudio publicado por la Organización para la Cooperación y el Desarrollo Económico (OCDE),[5] sobre las políticas de educación y atención a la primera infancia en veinte países. Se describen los factores sociales, económicos y conceptuales que condicionan estas políticas, e informan de que en ningún país de la Unión Europea la en-

4. *How much is too much? The influence of preschool centers on children social and cognitive development* (2005) by Susanna Loeb, Daphna Bassok (Stanford) and Margaret Bridges, Bruce Fulller (Berkeley), Russ Rumberger. Working paper 11812.
5. Ministerio de Educación y Ciencia. Secretaría General de Educación. Instituto de Evaluación. Panorama de la Educación 2007. Slideshare.net/guest11b6e16a/I-la-educacion-infantil-un-paseo-por-europa-presentacion.

señanza es obligatoria antes de los seis años (siete, en el caso de Dinamarca, Finlandia y Suecia). Tampoco lo es en Canadá, Estados Unidos ni Australia. Citan otro dato que consideran muy significativo: en el caso de Finlandia, país que, en el informe PISA de 2006, obtiene los mejores resultados en materia de educación, el porcentaje de niños que van a la escuela a partir de los tres años no supera el 50%, lo que contrasta con el 98% de niños catalanes según afirma Ernest Maragall al justificar la propuesta de escolarización obligatoria a los tres años.

La carta de los padres continúa preguntándose si habrá relación directa entre este déficit de atención en el seno de la familia durante la primera infancia y el creciente número de casos de depresión y trastornos de conducta entre los menores, o el hecho de que España tenga el *dudoso honor de ser el tercer país del mundo en que se recetan más psicofármacos a menores.*[6]

Los padres se basan en estas y otras referencias para defender la idea de que las medidas de conciliación propuestas hasta ahora no son defendibles. Consideran que las verdaderas medidas de conciliación pasan por ampliar los permisos de maternidad, legislar excedencias remuneradas y con garantía de reincorporación al lugar de trabajo, y mantenimiento del sueldo para uno de los padres con niños pequeños, como sucede en los países que nos aventajan en los

6. Plataforma Humanista contra el Abuso de Psicofármacos en Niños: http://plataformacontrapsicofarmacos.blogspot.com.

índices de bienestar y de éxito escolar. Faltaría añadir (Rygaard, 2008) que se debería ofrecer un período de reciclaje gratuito a la madre (o al padre) cuando ésta se reincorporara al trabajo. Este tipo de conciliación es radicalmente diferente de la noción, muy extendida, de que conciliar la vida laboral y la familiar consiste en mantener los niños «aparcados», dicen los padres, mientras los padres trabajan.

Esta diferencia esencial en la forma de concebir la conciliación pone a los padres, si están poco informados, en el riesgo de dejarse colocar, como si fuese lo deseable, lo que no favorece a sus hijos sino a otros estamentos. Aquí se ve claramente la necesidad de facilitarles información y de que conozcan en directo lo que se desprende de las investigaciones sobre evolución y salud mental. Solamente en esta forma los padres estarán a recaudo de propagandas y podrán exigir a los políticos precisamente lo que sus hijos y ellos mismos necesitan para una evolución exitosa.

Creo que todo esto es claro indicio de que una medida imprescindible, en primer lugar, es la concienciación de la población, a través de campañas de difusión y de educación psicológica sanitaria acerca de las necesidades de los bebés y de los niños, y de las valiosas e insustituibles funciones de los padres, para conseguir ciudadanos sanos y capaces física y mentalmente. Esta concienciación haría, seguramente, que los ciudadanos supieran qué deben exigir a sus políticos para el bienestar de su familia y el sano crecimiento de sus hijos, y que no aceptaran como buenas las medidas demagógicas y antieducativas que se les ofrecen. Este paso podría, con suerte, mover a los políticos a ofrecer en sus campañas electorales aquello que la salud mental de la población realmente necesita. Con este objetivo, últimamente un grupo de profesionales entre los que me cuento, ha iniciado una campaña cuya dirección es www.mastiempoconloshijos.blogspot.com.

Mientras tanto incurrimos en una grave contradicción: se dedica esfuerzo y dinero a investigar sobre la evolución del cerebro y de las capacidades personales, intelectuales y sociales del niño, pero luego se hace caso omiso de los resultados y se sigue invirtiendo en más plazas de guardería y, después, en más plazas de aulas de refuerzo para niños con fracaso escolar y en más plazas de hospital de día para adolescentes, etc. Entretanto, no se está ayudando económicamente a los padres para que tengan *más tiempo para estar con sus hijos*, para realizar actividades con ellos y fomentar una buena evolución, y por tanto una buena salud mental. Éstas serían las verdaderas medidas preventivas. Sin ellas estaremos siempre tratando de corregir, en los años siguientes, lo que se ha comenzado mal en los primeros años. Y esto resulta mucho más caro en todos los sentidos, económicamente y en sufrimiento.

La mejor guardería, tu casa |

Lo esencial de la crianza

La crianza son los cuidados que dedicamos al bebé para que crezca bien biológica y psicológicamente. Lo esencial de la crianza es la disponibilidad emocional que ofrece la madre a la relación de apego que el bebé establece con ella, el «diálogo» y las interacciones que ella mantiene con él, por ejemplo, mientras lo alimenta, lo baña y juega con él. De este diálogo e interacciones dependen el desarrollo del cerebro y de las funciones psíquicas del bebé. Vemos, pues, la gran importancia de la crianza que reúne todo lo que son los cuidados del bebé, integrados por el eje vertebrador del diálogo entre la madre y su hijo. En este diálogo ella participa «conversando» con su bebé, con palabras y con las acciones de cuidar, y el pequeño participa emitiendo los sonidos vocales de que es capaz a cada edad y con una variedad de movimientos de brazos, piernas y de todo el cuerpo.

Al pensar en la crianza hay quien solamente tiene en cuenta la alimentación y la higiene, como si estas dos funciones lo abarcaran todo. En cambio, se trata de funciones, por supuesto definitivamente importantes, pero que si las separamos del diálogo y de la relación con la madre se vuelven inespecíficas y corren el peligro de volverse mecánicas. Este tipo de cuidado mecánico que puede realizar cualquier persona aunque apenas conozca al bebé se da con mucha frecuencia. Como se verá más adelante, se da en general en un jardín maternal (guardería), del cual ofrecemos una observación y, también, lo explican profesionales de guardería en cartas que han colgado en *blogs* de Internet.

No se trata, pues, solamente de cuidar bien del bebé para que esté feliz y todos estén contentos, que también, sino que estamos tratando con algo tan fundamental como su evolución personal y la evolución de su cerebro. La mejor crianza, por tanto, será aquella que produzca un desarrollo mejor de este órgano, de las funciones psíquicas y del equilibrio emocional del bebé, en los cuales se basa toda la vida del individuo.

Al nacer el cerebro es inmaduro y debido a esto conserva una gran plasticidad, gracias a la cual las experiencias que el bebé vive moldean y modifican su anatomía y su funcionamiento, es decir, su fisiología. Como veremos, se dice que «la experiencia deja una huella», y esta huella puede ser madurativa o negativa.

Para desarrollar estos puntos seguiré el siguiente orden:

• Comenzaré por explicar lo que entendemos por plasticidad cerebral; después, explicaré cómo los elementos esenciales de la crianza influencian esta plasticidad para producir, si las cosas van bien, procesos de maduración del cerebro.

- A continuación describiré la crianza en condiciones normales en los primeros tiempos de la vida del bebé, la forma como funcionan la relación de apego, el diálogo y las interacciones tempranas entre el bebé y su madre, y también con las personas más significativas de su entorno, en primer lugar el padre.

- Después, me referiré a las importantes investigaciones sobre la evolución y maduración del cerebro, y sobre la relación de apego, que en los últimos decenios han demostrado precisamente por qué estos primeros años de la vida del bebé son tan importantes.

- A continuación explicaré los cambios sociales de las últimas décadas, que han producido cambios fundamentales en las formas de crianza y, por tanto, en la relación con los hijos. Uno de estos cambios es la autodesvalorización y el lugar secundario en que se han colocado muchos padres en relación a la crianza de sus hijos.

- Después transcribiré puntos de vista de personas que han colgado notas y cartas en Internet contestando a la entrevista de «La Contra».

- Para terminar, un apartado dedicado a las aportaciones de profesionales y personas vinculadas a la cuestión que nos ocupa.

Creo que estaremos de acuerdo en que, en condiciones normales, todos los padres quieren a sus hijos y desean lo mejor para ellos. Todos quieren ofrecer la mejor crianza posible a su bebé y cada uno escoge aquello que entiende como lo mejor. Así, unos padres deciden criar a su hijo en casa, personalmente, mientras otros prefieren que el hijo vaya a alguna institución donde lo cuiden y un tercer grupo puede preferir una tercera opción, la que sea. Esta variedad de elecciones probablemente se debe a distintas formas de entender la función de la crianza, lo que necesita el niño y lo que pueden aportar los padres y las instituciones cuidadoras.

Desde mi experiencia profesional con niños y adolescentes, y también gracias a lo que nos han enseñado las investigaciones mencionadas, considero que, en condiciones normales, los padres –especialmente la madre– son los cuidadores naturales y privilegiados del bebé y del niño pequeño. Son ellos los que, por su preparación emocional a lo largo de las cuarenta semanas que dura el embarazo, pueden ofrecer la respuesta más coherente con las necesidades emocionales y biológicas de su hijo. Es especialmente la madre quien se prepara también biológicamente durante esas cuarenta semanas y desarrolla sensibilidad, intuición y capacidad instintiva. Es ella quien dialoga con su bebé y contribuye a crear las bases de sus tan importantes funciones psíquicas. El padre puede favorecer esta relación, mientras cultiva su propia relación y su comunicación con su hijo.

Por otro lado, creo que el bebé también tiene mucho que decir en todo esto. Como veremos, él, desde el mismísimo momento del nacimiento, diferencia y reconoce a su madre y establece con ella una relación de apego que la señala como su cuidador principal. Se trata de la potente fuerza biológica que une el bebé a su madre y que constantemente indica lo que el bebé necesita para una evolución sana y estable.

En cuanto a las guarderías, por supuesto que no son una novedad de estos últimos decenios, sino que en una u otra forma han existido siempre y han hecho la función de atender a los niños cuando los padres, por las razones que fuese, no podían hacerlo. Lo nuevo, en todo caso, es el lugar y la función que han ido tomando en la sociedad. Hay padres que como primera elección acuden a este tipo de crianza. Además, las guarderías son una necesidad social para aquellos otros que, por las razones que sea, en un momento dado necesitan ayuda para cuidar a sus hijos y prefieren buscarla en la guardería o bien no tienen otro lugar donde hacerlo. Por supuesto que la tarea que desempeñan los profesionales que trabajan en ella es muy valiosa y necesaria.

Mi interés central en este trabajo es la *conciliación real* entre las necesidades del bebé y las necesidades laborales de los padres. Esto significa que los padres puedan contar con unas condiciones legales y laborales adecuadas a su función de crianza como para poder atender las necesidades del bebé. Es importante tener claro, también, cuáles son estas necesidades del bebé que hay que atender porque allí se juega el desarrollo de su personalidad, de su inteligencia y de sus capacidades sociales. Es importante, además, diferenciar bien esta conciliación real de la pseudo-conciliación, que consiste en institucionalizar al bebé mientras los padres trabajan, que a menudo se presenta como si se tratara de una conciliación real cuando las necesidades del bebé o las de los padres quedan invisiblemente desatendidas.

Pero conseguir una conciliación bien hecha no puede ser tarea de unos cuantos, sino que es necesario que sean muchos los que estén dispuestos a dar los pasos necesarios para conseguirla. Éste es el propósito del grupo mastiempoconloshijos.blogspot.com.

Crianza, plasticidad cerebral y maduración

Como decía antes, gracias a las investigaciones por neuroimagen (fMRI, functional Magnetic Resonance Imaging),[7] hoy en día se conoce bien el cerebro del ser humano recién nacido, su inmadurez y plasticidad, y el hecho de que su maduración depende de las experiencias que el niño viva, las cosas que le sucedan, los buenos y malos momentos, aquellos que estimulan la maduración del cerebro y aquellos que lo llenan de sufrimiento y ansiedad, y lo deterioran. Cada cerebro, pues, gracias a su plasticidad, sigue su propio camino más o menos saludable de maduración. Por esta razón, no hay dos cerebros iguales y, como dicen Ansermet y Magistretti (2006), «A cada cual su cerebro».

7. Se trata de las investigaciones realizadas por Belsky, Gerhardt, Rygaard, Ansermet y Magistretti, y otros en el campo de las neurociencias. «fMRI» significa 'imágenes funcionales tomadas por resonancia magnética'.

Santiago Ramón y Cajal, nuestro premio Nobel, enunció la hipótesis de que las experiencias se inscribían en el cerebro e iban dejando marcas sobre él que se hacían cada vez más profundas hasta llegar a la edad adulta. Deducía esto de la observación de la superficie más bien lisa del cerebro del recién nacido en comparación con las rugosidades, marcas y hendiduras del cerebro adulto, marcas distintas en cada uno de ellos. Su gran intuición pasó a ser conocimiento científico cuando avanzó la técnica y con los instrumentos modernos pudo estudiarse el cerebro en vivo, es decir, mientras las neuronas funcionan, mientras el cerebro trabaja. Con estas técnicas se han estudiado los procedimientos por los cuales las experiencias lo moldean. Como he dicho antes, y según los autores citados, «la experiencia deja una huella».

Al nacer, el cerebro humano posee unos cien mil millones de neuronas o células nerviosas, que son todas las neuronas de que está dotado ese individuo. Cada neurona tiene un cuerpo, las dendritas, que son arborizaciones que salen del cuerpo de la neurona y pueden conectar con otras neuronas, y un axón o cilindro eje, que sale también del cuerpo de la neurona y es una prolongación larga que irá a formar los «cables conectores» a los que llamamos «nervios». Para madurar y poner en marcha toda su capacidad de funcionar, a las neuronas les falta conectarse mejor entre ellas y constituir una red, la red neuronal. De este proceso de construcción de la red neuronal decimos que el cerebro madura. La maduración consiste en diversos procesos:

1. Las dendritas de unas neuronas conectan con las dendritas o con los axones de otras, formando los puntos de conexión que llamamos «sinapsis». Cada célula recibe miles de sinapsis.

2. En las sinapsis se fabrican los llamados «neurotransmisores», que son sustancias que facilitan y regulan la transmisión de impulsos. Sería como decir la transmisión de «corriente eléctrica» o de «mensajes». La regulación de la transmisión de impulsos se hace a base de adecuar la cantidad de neurotransmisores que se utiliza en cada momento.

3. Va progresando la mielinización. Consiste en que, a medida que avanza la maduración del sistema nervioso, los axones se recubren de una sustancia grasa llamada «mielina», facilitadora de la transmisión de estímulos a lo largo de la red neuronal. Sería algo así como lo que se busca cuando se recubren los cables eléctricos de nuestras casas con cinta aislante.

Con todo esto se va tejiendo la red neuronal y se va facilitando la transmisión de los estímulos. En el bebé, el progreso en la construcción y el funcionamiento de la red neuronal, que en definitiva es progreso en el funcionamiento del cerebro, se traduce por progreso y mejora de sus funciones motoras (el niño puede aguantarse sentado, luego se pone de pie, aprende a caminar, aumenta su habilidad manual) y de sus funciones psíquicas (el niño comprende cada día mejor, va aprendiendo el lenguaje...). Podemos observar lo complejos que son estos circuitos de aprendizaje y la forma como siguen, en su progreso, una trayectoria circular: es necesario que avance la maduración para que progresen las funciones del individuo, pero deben entrenarse estas funciones como estímulo para que continúe mejorando la maduración. Ahí es donde una vez más se nos hace evidente el axioma médico que dice: «La función hace al órgano», que significa que es necesario ejercer la función para que madure el órgano correspondiente, por ejemplo, es necesario aprender a caminar y practicar esta función para que madure el aparato locomotor. Luego veremos cuán importante es todo esto en relación al funcionamiento del cerebro, donde es totalmente necesario que se practiquen todas aquellas funciones que dependen de él (funciones psíquicas, motoras, visuales, auditivas, etc.) y que se utilicen todas las vías nerviosas, para que el cerebro evolucione bien y no se empobrezca anatómica y funcionalmente, no se atrofie.

A continuación describiré el núcleo central de la crianza: las experiencias de interacción que la madre ofrece a su bebé, que realizan aquello de que «la experiencia deja una huella».

Crianza y apego. Relación con la madre. La experiencia deja una huella

Dado lo que acabo de explicar sobre la plasticidad, y de que la experiencia deja una huella, se deduce lo importantes que son estos primeros años de crianza en la vida del niño. En ellos se construyen los cimientos de toda su evolución posterior. Se puede decir que en la evolución posterior hallaremos siempre la huella de la crianza; en cierto sentido la huella es la historia de lo que le pasó al niño, de la relación que tuvo con su madre.

El núcleo central de la vida del niño en el primer año o en los primeros años es ese vínculo afectivo entre él y su madre al que llamamos «apego», en el que el padre participa también aunque de forma distinta a ella. La relación con el padre tiene características propias que describiré después.

En situación normal, la relación entre el bebé y su madre comienza en realidad mucho tiempo antes del nacimiento, cuando una pareja –o ella sola– comienzan a plantearse tener un hijo. En ese momento se inicia un período de reflexión y elaboración que desemboca en la decisión de tenerlo o de no tenerlo.

En realidad, aun antes hallamos antecedentes muy importantes en relación a la realidad presente: la infancia de la madre, la infancia de los padres. Como sabemos, en general las niñas se imaginan ya siendo madres en el futuro y en sus juegos viven la fantasía del cuidado de su hijo o hija, la muñeca. No se trata de un hecho social o educativamente condicionado, es decir, la madre no es madre porque le hayan regalado muñecas cuando era pequeña, sino lo contrario: le regalan muñecas debido a su deseo y necesidad de vivir y elaborar la fantasía de ser madre. Los factores sociales y educativos existen, claro, pero los factores biológicos en la niña pequeña tienen aún más importancia. Todas estas vivencias muestran el largo proceso de preparación psicológica de raíz biológica por el que, si todo es normal, la madre atraviesa.

El varón suele estar menos interesado en estas cuestiones, sin embargo, también mira al rol del padre como parte de su identidad. Aunque falta todavía mucho, de hecho ahí mismo, en alguna forma, comienza la elaboración de la experiencia de tener hijos.

Ante la procreación, pueden evidentemente intervenir muchos factores y las circunstancias pueden ser muy complejas. Factores como la historia de cada miembro de la pareja, la estabilidad de ésta, la situación laboral y económica, y tantos otros sin duda, bien o mal, influyen en las decisiones, pero me centraré solamente en el momento en que la decisión es afirmativa: la pareja decide tener un bebé.

A partir de aquí el bebé está presente como un deseo y una incógnita que remueve inquietudes e interrogantes en la mente de los padres. Desde que el embarazo se confirma, ambos padres tendrán el hijo en su mente aunque de forma muy distinta. Para ella, desde el comienzo se trata de un presente, de una realidad en el cuerpo, de una presencia que se hace sentir en distintas formas: ella gesta a su bebé en la mente, en la matriz y en todo su cuerpo, que cambia desde el primer día y progresivamente. Ella lo tiene presente, cuenta con él en muchos momentos y detalles de su vida, imagina cómo es, lo imagina en el futuro. Se prepara y prepara lo necesario para acogerlo: habitación, cuna, ropita… Para el padre de momento esta realidad es más bien distante, un futuro incierto, aunque puede seguir los distintos momentos de la experiencia a través de su compañera y colaborar en la preparación de la acogida del hijo.

Hoy en día, gracias a las exploraciones por ecografía, ambos padres pueden acercarse al desarrollo de su hijo en la matriz. La primera «fotografía» que tienen del hijo es la ecografía. Lógicamente cada uno lo vivirá también a su manera. Pero no solamente conocerán el desarrollo biológico de su hijo, sino también características del niñito como, por ejemplo, rasgos temperamentales diferenciados, que a menudo se confirman después del nacimiento (Piontelli, 1997). Este seguimiento periódico por ecografía, este conocimiento del hijo, estimula en los padres, especialmente en la madre, una vinculación mucho más viva y estrecha con su hijo. Éste se vuelve una realidad visible y más aún a partir de la mitad del embarazo, cuando los movimientos del feto son ya muy notables para la madre, incluso visibles, y por ecografía puede saberse el sexo, por tanto se le puede elegir ya un nombre.

Por sorprendente que parezca, sabemos también que el feto, el bebé pequeño, comienza a hacer sus primeros aprendizajes ya durante la gestación: aprende y practica sus habilidades cuando está aún en la cavidad materna o útero.

En las ecografías, a partir de las catorce semanas, cuando ya se han establecido los períodos de sueño y vigilia, los padres pueden observar al bebé durmiendo o, cuando está despierto, moviéndose. Pueden también verlo realizando funciones diversas, repitiéndolas y entrenándolas. Él, con sus pequeñas manos palpa, manipula y explora las paredes de la matriz y todo aquello que encuentra dentro de ella: la placenta, el cordón umbilical... A lo largo de la gestación succiona sus dedos y también aquello que encuentra a su alrededor como, por ejemplo, el cordón umbilical. Además, progresa en sus capacidades, por ejemplo, de chuparse los dedos, palpar el medio a su alrededor, coger lo que encuentra, manipularlo, tragar líquido amniótico, etc. Los padres pueden, pues, observar que la tendencia del niño a explorar comienza ya antes del nacimiento, en la matriz, y que más tarde, en el medio aéreo el bebé continuará entrenándola aunque al principio por la influencia de la fuerza de la gravedad, con más dificultades, como si hubiera retrocedido en capacidad motora. A menudo, la actividad del feto en la matriz sorprende porque parece consciente e intencionada. En una reunión de psiquiatras y psicólogos,[8] la Dra. Montserrat Alegre, que se presentó como «ecografista pragmática» y afirmó «no ser para nada psicóloga», refiriéndose al feto que en ese momento nos estaba haciendo observar, en plena actividad, que parecía nadar y moverse juguetonamente en la matriz, reforzaba esta impresión de intencionalidad al comentar: «Este feto es muy simpático, siempre está jugando», con lo cual presuponía y subrayaba el carácter simpático del niño. En otras ecografías nos mostraba distintas expresiones faciales que aparecían como distintos estados de ánimo:

8. Primeras Jornadas sobre Psiquismo Fetal. Organizadas por la Fundación Vidal y Barraquer en el Colegio de Psicólogos de Barcelona, mayo de 1994.

triste, alegre, sonriente… En una ocasión, señalando los rasgos faciales del feto, la Dra. Alegre dijo: «Está triste». Además, algunos bebés se muestran más activos, más exploradores del entorno, como más interesados en la relación, en la interacción, mientras otros son más pasivos y retraídos. Esto se ha visto claramente en estudios sobre gemelos.

Explico todo esto para que destaque que la evolución, la maduración, el aprendizaje y el desarrollo de funciones forman un continuo, un desarrollo progresivo, que se inicia con la gestación y continúa después del nacimiento. Nuestro hábito nos lleva a llamar «feto» al niño antes de nacer, cuando evidentemente se trata del mismo ser al que después llamamos «bebé» o «niño».

La madre se vincula a su hijo con sentimientos muy diversos desde el comienzo de la gestación o incluso desde que el niño es solamente un proyecto. El seguimiento ecográfico del bebé se inserta en este continuo, se teje con las vivencias de los padres y es un elemento más en su preparación emocional y afectiva para las experiencias de relación y cuidado de su hijo que vendrán a continuación.

Se comprende que muchas mujeres durante el embarazo le hablen a su bebé, ya que no solamente lo tienen presente en su pensamiento y en su fantasía, sino que el bebé es para ellas una realidad en el cuerpo. Cuando los movimientos del bebé en la matriz se hacen perceptibles para ella o cuando ya, más que perceptibles se imponen claramente y se hacen hasta visibles, la relación entre ella y su hijo está ya muy adelantada. Para entonces, la madre sabe en cada momento dónde está la cabeza y dónde tiene su hijo los pies; diferencia los movimientos que corresponden a la cabeza de aquellas pataditas que corresponden a los pies, y la relación entre el bebé y la madre se refuerza aún más. En ese momento muchas madres se relacionan intensamente con su bebé en la matriz a través de palparlo, acariciarlo y, a menudo, también de hablarle. Aquí vemos iniciarse en una u otra forma el diálogo, que después del nacimiento se desarrollará plenamente entre la madre y el bebé. Este diálogo se desarrolla entretejido con las acciones que forman la relación entre ellos –el juego, los cuidados, etc.– y que es el motor del desarrollo del cerebro del bebé y de las funciones y capacidades que dependen de este órgano.

A lo largo de las cuarenta importantes semanas de gestación y de relación entre el hijo y la madre, ellos dos «se han ido conociendo». Donald Winnicott,[9] en uno de sus libros, cuenta que a una madre que acababa de tener un hijo y que estaba preocupada por si acertaría en su forma de tratarlo, le dijo: «No se preocupe, su hijo ya hace tiempo que la conoce, él está acostumbrado, sabe cómo es su madre. Sabe si usted es tranquila y le gusta sentarse a leer y escuchar música, o si es activa, inquieta, se mueve deprisa y corre para alcanzar el autobús». También la madre tiene nociones de cómo es el bebé a través de su captación a lo largo del emba-

9. Pediatra y psicoanalista de niños inglés, nacido en Plymouth en 1896. Estudió en Cambridge, muy creativo y autor de muchos artículos y libros.

razo, y más tarde lo conocerá a fondo a través de su relación con él.

Hemos llegado al momento del nacimiento. La relación entre la madre y el bebé es ahora intensa; en el momento del parto las emociones son fuertes, el momento es privilegiado: madre y bebé se la juegan juntos. Este momento emocionante es además el momento del encuentro. Es un momento intenso, que viene a potenciar la relación y los afectos de cada uno para el otro.

Reconociendo toda la importancia que tiene este momento, hoy en día es más frecuente el parto natural:[10] que la mujer participe de la llegada de su hijo, que lo vea salir, se encuentren y lo tenga en brazos y sobre su piel incluso antes de lavarlo. Con esto se valora el contacto piel a piel como continuación de la íntima relación del bebé en el útero.

Para la madre, el bebé tiene toda su entidad desde hace mucho, pero ahora es el momento en que también el bebé demostrará que diferencia y reconoce a su madre entre las otras personas de su entorno. Ésta es una de las llamadas «competencias del bebé», que tiene que ver con la relación de apego. Desde que nace el bebé diferencia el olor y la voz de su madre de todos los otros olores y voces. Si ella le habla intentará pequeños movimientos de la cabeza y de los

---

10. En Cataluña, en el 2005 sólo dos servicios hospitalarios utilizaban esta técnica, mientras que eran ya ocho servicios los que la utilizaban entre 2007 y 2008. La web de la Generalitat de Catalunya (www.gencat.cat/salut/depsalut/pdf/partnatural.pdf/) habla del número de hospitales que practican parto natural, pero no da cifras.

ojos hacia ella, con la clara decisión de girar su cabeza selectivamente hacia la voz de su madre. En momentos de inquietud, de ansiedad, de llanto o de desespero, se calmará inmediatamente que sea tomado en brazos por ella, pero solamente por ella. Esto es algo que todo el mundo ha podido observar alguna vez.

Esta sorprendente reacción del bebé hacia su madre de alguna forma está estimulada por la misma disponibilidad afectiva de ella. Esta disponibilidad es imprescindible para lo que John Bowlby[11] ha llamado «apego seguro». El hecho de que el apego comience tan pronto como es el nacimiento, muestra el entronque biológico de este vínculo del bebé a su madre y la capacidad de respuesta de ésta hacia su bebé. Podemos darnos cuenta de lo cercanos que somos a otros mamíferos. En ellos la relación de apego es también una relación importante y delicada. Tan delicada que, como sabemos, hay veces en que si un humano manipula un animalito recién nacido, la madre después, debido a que ha cambiado su olor, no lo reconoce. Esto significa un rechazo, una ruptura y la pérdida de la relación de la madre con esa cría con todas sus consecuencias.

Estoy explicando capacidades sorprendentes, llamadas «competencias», que el recién nacido tiene. Pero también nos puede extrañar, por el contrario, la gran inmadurez biológica que presenta, especialmente si la comparamos con otros mamíferos recién nacidos.

11. Psicoanalista nacido en 1907 en Londres.

La inmadurez biológica del bebé. Maduración y aprendizaje

Hemos visto que el bebé es capaz de funciones psíquicas incipientes, o «competencias del bebé», ya en el claustro materno, es decir, incluso antes de nacer. Veíamos que el feto ya las ejerce y que estas capacidades preparan las del bebé: se mueve, chupa sus dedos, palpa a su alrededor las paredes del útero, la placenta y todo lo que encuentra, toca los objetos de su alrededor, los manipula, los huele... Pero el contraste es llamativo, ya que al mismo tiempo el bebé nace biológicamente inmaduro y, como decía antes, completamente dependiente para sobrevivir.

Las crías humanas son, de hecho, las que nacen más inmaduras y más dependientes entre todas las especies animales. De esta inmadurez y dependencia surge precisamente su capacidad de progresar, de aprender y de adaptarse a las circunstancias que vive, de alcanzar un desarrollo intelectual mayor. Cuando nacen, las crías de las otras especies son mucho más parecidas al individuo adulto de la especie en cuanto a capacidades, incluso pueden directamente ser «adultos» en pequeño en cuanto a carga instintiva y a funcionamiento. Para algunas especies su carga instintiva es inmodificable, lo que significa que no pueden aprender nada. Por ejemplo, hay especies de pájaros migradores que, como hacen siempre estas especies, cada estación cambian de domicilio: si son del hemisferio norte, en invierno vuelan al sur, como sucede aquí en nuestro hemisferio, y cada verano vuelven al norte. Pero si se los cambia de hemisferio, también vuelan al sur en invierno, con lo cual no vuelven.

En el otro polo, como decía, se sitúa el recién nacido humano, con su gran dependencia e inmadurez y también con sus grandes posibilidades evolutivas. Sus órganos necesitan condiciones adecuadas para ir madurando progresivamente y alcanzar las capacidades que tendrán después. Así, por ejemplo, el aparato digestivo del bebé, que al nacer está preparado solamente para digerir leche materna, *tendrá que aprender* a digerir alimentos cada vez más variados gracias al estímulo progresivo de una dieta que gradualmente se va ampliando y volviendo más sólida. Quiere decir que los mismos alimentos, las papillas, las verduras, el pescado, la carne, son el estímulo adecuado que llevará el aparato digestivo a aprender a digerir y a madurar, siempre y cuando la dieta se amplíe progresivamente y no a saltos y rupturas o de cualquier manera.

Cuando decimos «tendrá que aprender» acercamos la idea de maduración a la de aprendizaje, lo cual es correcto ya que ambas funciones tienen mucho en común: aprender lleva a madurar y madurar facilita aprender, en una relación circular.

De la misma forma que el aparato digestivo, también los aparatos respiratorio, auditivo, visual, etc., madurarán gracias a los estímulos correspondientes a la función de ese aparato. Así, el aparato visual, necesita estímulos visuales para madurar su función; el aparato auditivo, estímulos auditivos... Si al nacer nos taparan los ojos y no pudiéramos ver ningún resquicio de luz, al cabo de un tiempo seríamos ciegos ya que nuestra retina, que necesita luz y estímulos visuales para madurar, no podría desarrollarse y su función acabaría atrofiándose. Si esta privación de visión durara suficiente tiempo ya no sería recuperable. Con esta privación se perdería también el nervio óptico y la zona de la corteza cerebral, situada en la región occipital, correspondiente a la visión. Esta experiencia nos pone nuevamente ante la verdad del axioma médico: «La función hace al órgano» y, por tanto, la falta de función hace que el órgano involucione y se pierda. En otras palabras, el órgano que no se utiliza se atrofia y su función se pierde. Es necesario ejercer la función para que el órgano correspondiente (en este caso el ojo, el nervio óptico y la corteza cerebral visual) se desarrolle y funcione. Por otro lado, son necesarios suficientes estímulos, pero no un exceso, ya que un bombardeo de estímulos no es favorable sino que produce atolondramiento, reacción de rechazo, evitación y expulsión, y una incapacidad de asimilarlos. Por tanto, su resultado es contraproducente, lo contrario de lo que se busca: ante un exceso de estímulos el cerebro se perjudica, las sinapsis se desconectan y la red neural se daña.

Pero sigamos con la crianza, con el diálogo fundador de las capacidades del bebé.

El diálogo fundador entre el bebé y su madre

Después de cuarenta semanas de gestación, el bebé ha alcanzado suficiente madurez como para tener una vida autónoma en cuanto a respiración y a succión. Hace unas cuantas semanas que es viable, lo que significa, entre otras cosas, haber llegado a ser capaz de respirar con sus pulmones de forma autónoma y de alimentarse gracias a su reflejo de succión. Para vivir ya no necesita estar «enchufado» a una fuente de recursos, la placenta, a través de un cordón umbilical.

Sin embargo, su dependencia de alguien que haga funciones maternas es total, vital. Por su cuenta no sobreviviría. Por lo tanto, el bebé tiene que continuar su «gestación» y su maduración en una matriz externa, que ahora son los cuidados maternos y la interacción con su madre o padres, es decir, la crianza. Como ya hemos dicho, una parte muy importante de esa crianza, además del cuidado del cuerpo a través de la alimentación y la higiene, es precisamente la interacción, que incluye la comunicación, el diálogo en palabras y gestos entre el bebé y su madre (o padres), que es la continuación de la relación que tenían ambos durante el embarazo. Esta parte de la crianza, el diálogo, es sumamente importante ya que éste impulsa el desarrollo de las funciones psíquicas y mentales del bebé.

A veces se considera que el diálogo del bebé con la madre, las interacciones, serían «el juego», como aquello entretenido, para pasar el rato y poner contento al bebé –mientras también lo pasa bien la madre– que se puede respetar, interrumpir, o suprimir definitivamente, según convenga. Eso significa que se cree que es únicamente «un juego», que no tiene más importancia y, en cambio, no es así. Se trata de un estímulo mutuo entre la madre y el bebé, donde se gestan las funciones psíquicas del pequeño. La madre pone en palabras lo que el bebé expresa con todo su cuerpo y a través de toda su actividad: sonrisas, movimiento de brazos y piernas, expresión facial, llanto… Se trata de un intercambio muy vivo, expresivo, lleno de emociones y de amor, en que la madre le va dando a conocer al niño, a base de ir poniendo las palabras, el mundo interno y el mundo externo del pequeño. Así, por ejemplo, pone nombre a las reacciones del niño: enfado, miedo, contento… y, también, nombra los objetos que pertenecen al mundo del niño, por ejemplo, sus juguetes, los objetos de la casa…

La madre espontáneamente, intuitivamente, habla a su bebé y le explica lo que están haciendo, lo que sucede, comenta sus impresiones, lo que observa en el gesto y en las señales que el bebé da, le habla de él y de lo que ella capta en relación a sentimientos y necesidades. Por ejemplo, puede interrogarse en voz alta y decirle a su hijo: «Bueno, ¿ya no quieres más?… ¿Has tomado suficiente?… ¿No te habrás quedado con hambre?… ¿Te has cansado, o es que hoy estás un poco vago?… ¿Seguro que no quieres un poco más?… Vamos a esperar un ratito a ver qué decides», y así sigue. Entre tanto ella lo tiene en brazos, lo pone erguido contra su cuerpo para que eructe, o directamente lo tiene en la falda y lo mece…

Cuando el bebé tiene pocos meses, la madre puede también decirnos: «Está contento porque oye el ruido de la cucharita y sabe que le estoy preparando la papilla» o bien: «Está contento porque sabe que ahora le toca la papilla de fruta, que es su preferida». También: «Está extrañada porque es la primera vez que toma papilla con este sabor», o bien: «Está asustada porque los ruidos fuertes la asustan», o aún: «Se ríe porque ve que me preparo y sabe que vamos a salir de paseo». Una madre salía de la consulta del dentista para encontrar a su hijita de doce meses en la sala de espera llorando desesperadamente en brazos de su tía, la hermana de la madre. La madre dice a la nena: «Uy, uy, no llores, no me había marchado, estaba aquí dentro, no me había marchado para siempre, no había desaparecido…». Se da la vuelta y le dice a la enfermera: «Cuando no me ve, cree que me he marchado, que he desaparecido». La madre por intuición capta lo que le sucede a su hijita y es capaz de ponerlo en palabras. Ella capta que la nena, al ser pequeña, aún no tiene noción de «objeto permanente», se da cuenta de que, para ella, si no ve a la madre es igual que si la hubiera perdido para siempre.

Imaginemos otro momento de «conversación» entre ambos personajes, otro momento en la crianza. Imaginemos que se inicia cuando la bebita de cinco o seis meses, se despierta. Notamos que lleva un ratito entre el sueño y la vigilia. La madre va ordenando la ropita de su hija y va observando a la nena. Está a la espera de lo que finalmente la nenita decida: si continuar durmiendo o despertarse. Finalmente la madre habla en voz alta. «Bueno, al final te has despertado… ¿por qué tan temprano?» (La beba se mueve inquieta, comienza a gruñir.) «Claro, todavía tienes sueño… pero no te consigues dormir, ¿qué te pasa?» (La bebita hace algunos pucheros y parece que va a llorar.) «No, no llores, ya te cojo»… La madre la toca, la acaricia. La nena se tranquiliza y sonríe. «Te ries, ¿eh? ¡Ah, pillina! Ahora te preparo la papilla». La beba hace sonidos bucales. La madre sigue hablándole mientras prepara una papilla. La beba vuelve a inquietarse. «¿Tienes hambre?… ¡Claro que tienes hambre, ya es la hora de la merienda! Bueno, ya está lista la papilla. Es la que te gusta más». (La beba da muestras de empezar a llorar.) «Un momentito, mujer, te cojo enseguida… ven». Toma la nena en brazos y ésta se tranquiliza. Gira su cabeza hacia el cuerpo de su madre buscando el pecho. «No, no, ahora te doy papilla, la teta viene luego. ¡Uy, qué hambre que tiene esta jovencita…!».

Cada pareja madre-bebé crea en cada momento su propio diálogo.

Esta relación es un intercambio muy vivo, emotivo, ambos están muy interesados en el otro, mirándose a los ojos, con atención focal en estos momentos de relación.

La madre, normalmente, suele interpretar bien las señales que da el bebé; ella es una gran traductora de las emociones de su hijo, capta lo que a él le sucede, puede ponerlo en palabras. Últimamente hemos leído en un periódico que en una prestigiosa universidad norteamericana se ha puesto en marcha una compleja investigación para conocer los sentimientos de los bebés. La justifican insistiendo en lo difícil que es interpretar los gestos y también lo que sienten los bebés. La investigación, que según parece está siendo llevada a cabo por expertos en psicología, tiene como objetivo llegar a entender las comunicaciones del bebé por cualquiera de sus vías de expresión y conseguir diferenciar las principales emociones que vive. Habla de un número limitado de emociones, que los bebés expresan sobre todo gestualmente. Esta iniciativa nos resulta sorprendente ya que nos parecería mucho más fácil y menos caro consultar a una madre sensible e intuitiva. Ella nos diría qué le sucede a su bebé. Con seguridad su intuición y su empatía la orientarían mejor que cualquier técnica. Discriminaría entre las distintas emociones: estar contento, triste, satisfecho, enfadado, asustado, y nos explicaría qué es lo que causa estas emociones... Esto nos orientaría en relación a otros bebés.

La interpretación correcta de las señales que da el bebé permiten a la madre dar una respuesta coherente, acertar en lo que su hijo necesita; ponerlo a dormir si lo que tiene es sueño, alimentarlo si se trata de hambre, abrigarlo cuando tiene frío. En lugar de, por ejemplo, alimentarlo siempre que el niño llora, sea lo que sea que le suceda. La intuición materna es un auxiliar muy favorable no sólo en el trato al bebé, sino en la función de ayudarlo a conocer, como decía antes, tanto el entorno que lo rodea, como lo que sucede dentro de él −sus sensaciones, como tener hambre o sueño− y sus emociones, como estar contento, enfadado, etc. De esta forma, el niño aprende a discriminar y se va orientando progresivamente. Luego explicaré lo que sucede si la madre sistemáticamente no se orienta en relación a las señales que da el bebé.

Decía antes que la madre suele hablar siempre a su bebé. Pero no lo hace cuando le da el pecho o cuando lo alimenta.

Entonces la madre intuitivamente calla. Se trata de no distraer al pequeño, de respetar estos momentos de concentración necesarios para que se alimente bien. Notamos que si la madre habla al pequeño éste para de mamar y atiende, incluso gira la cabeza hacia la madre y sonríe. Puede suceder incluso que abandone el pecho, más interesado en la relación con ella. Éste sería un ejemplo de la potencia del apego: la madre es más importante para el bebé que la alimentación misma.

En cuanto termina de mamar, el diálogo se reanuda. Ella comenta a su hijo sus impresiones, lo hace partícipe de sus observaciones; como decía, le habla de él y de lo que capta que él está viviendo. Ya sabe que el niño de momento no entiende sus palabras, aunque entiende más de lo que parece y sobre todo comprende los estados de ánimo de la madre y los elementos emocionales de la relación. Estos elementos son básicos para el aprendizaje, en la medida en que el niño aprende en relación a su madre, al interés que ella le despierta. Para progresar, aprender, el niño necesita sentirse querido, ser importante para su madre (o para sus padres), que sus progresos le interesen a ella, que sus logros interesen a sus padres; necesita el calor de la relación, de la emoción. En frío el niño no crece bien. Aprender es una cuestión emocional.

Después de un período de interacciones, de diálogo, de relación, cuando el bebé se cansa o tiene sueño, puede mostrarlo por ejemplo girando la cabeza hacia un lado, apartando la mirada. Una madre intuitiva respetará esta retirada y acomodará a su hijo para que pueda descansar.

Experiencia vivida y conceptos. Función del diálogo

Como decía antes, en este importante diálogo entre la madre y su bebé, se irán gestando las funciones psíquicas y neurológicas del pequeño. Este intercambio, sobre todo emocional, intuitivo, sensible, aporta no solamente imágenes poéticas, emocionantes, bellas, sino básicamente los fermentos de toda la evolución, de la maduración y, por tanto, del aprendizaje.

Las funciones psíquicas del bebé, cuando la situación es normal, se crean gracias a las funciones psíquicas que la madre pone en marcha al cuidarlo. Tomemos como ejemplo la atención focal,[12] que es una función imprescindible para todo aprendizaje y especialmente el aprendizaje escolar. Pues bien, del interés y de la atención focal de la madre que le habla concentrada en él, mirándole a los ojos, por ejemplo, cuando lo cambia, surge el interés y la atención focal del bebé que, concentrado en su madre y mirándola también a los ojos, participa en la conversación con sus sonidos vocales, sus movimientos de brazos y de piernas, e imitando expresiones faciales y movimientos de sus labios. Una madre dispersa o un cuidado disperso al bebé, realizado mecánicamente, sin prestarle atención, es decir, un cuidado realizado por alguien que tiene la mente en otra cosa, que no tiene

---

12. Llamamos «atención focal» cuando la persona es capaz de concentrar su atención en un foco (foco de atención) y desatender provisionalmente todos los otros elementos de su entorno.

tiempo, que no presta atención al bebé, no crea las condiciones para desarrollar su atención focal. Hay que prestarle atención focalizada en él, mirándole a los ojos, para que él desarrolle atención focal.

De la misma forma que sucede con la atención focal, el bebé desarrolla otras funciones psíquicas gracias a las funciones que pone en marcha la madre al atenderlo. Así, de la comunicación afectiva con el niño, de lo que ella piensa y reflexiona mientras lo atiende, de su expresión en palabras, lenguaje verbal o «conversación» constante con él, surge la capacidad de pensar, reflexionar y comunicarse del niño y, progresivamente, funciones tan importantes como su lenguaje verbal y su pensamiento verbal.

Veamos esto desde la escena en que la madre baña a su bebé. Ésta es una experiencia que se repite generalmente a diario y, como toda situación que se repite, facilita el aprendizaje y la asimilación en tanto que experiencia vivida. Así, desde la acción de la madre de quitarle la ropa para bañarlo y desde lo que le va diciendo mientras lo desnuda, el bebé va aprendiendo cada paso y cada palabra: «Te quito el jersey, los zapatos, la camiseta»; «A ver, vamos a pasar la camiseta por la cabeza»; «Uy, ya está, enseguida, cuidado con las orejitas»; «No te asustes»; «Te saco el pañal»; «Este niño tan desnudito»; «A ver si coges frío»; «Vamos deprisa que no te enfríes»; «¿Tienes frío?»; «El agua está calentita»; «Enseguida terminamos». Aprende también acerca de las partes de su cuerpo: enjabonar el brazo, el otro brazo, la barriga, la pierna, el pie, los deditos, la cabeza, el pelo; «El agua en la cabeza, el agua en los ojos, voy con cuidado, cierra los ojitos...». Mientras lo enjabona, puede hacer comentarios como los que mencionaba: «Hace frío»; «Tenemos que ir rápido para que no te enfríes»; «No pasa nada, el agua está calentita, no quema»... A través de todo esto el bebé va asimilando la experiencia vivida de «desnudar», frío, calor, enfriarse, «me visten», abrigarse, «¡cuidado!», y va aprendiendo las palabras y los conceptos correspondientes. El bebé poco a poco va diferenciando y aprendiendo las palabras que expresan nuevas experiencias, o bien experiencias opuestas como estar desnudo o vestido; estar mojado o seco; tener frío o calor; estar contento o triste, etc.

Imaginemos ahora un niño que ya gatea en momentos de juego con su padre. Están los dos sentados en el suelo y se pasan una pelota. La pelota se escapa y el niño gatea atravesando toda la habitación hasta la otra punta para buscarla. Allí encuentra un cochecito que llama su atención y se sienta a explorarlo. El padre le habla: «Va, pásame la pelota»; «No, la pelota, ¿donde está la pelota? Deja eso... luego...». El niño lo mira y tira el cochecito en dirección a su padre. El padre insiste y ahora el niño se acuerda de la pelota, la alcanza y con las dos manos trata también de pasarla al padre. Luego, en pos de un camión que está en el otro lado de la mesa, se introduce debajo de ésta y cogiéndose a una silla trata de ponerse de pie, pero su cabecita choca con uno de los traveseros. Llora un poco tocándose la cabeza. El padre va hacia allí y lo consuela. ¿Qué está haciendo este niño? Por supuesto, mucho más que jugar a pelota o incluso que jugar. Está viviendo y asimilando la base de muchos conceptos. Está «midiendo» el espacio recorriendo la habitación de punta a punta; viviendo la experiencia de «lejos» (donde fue a parar la pelota); «cerca» (donde encuentra el cochecito); «grande» (la habitación con tantas cosas; el camión que lo atrajo desde lejos); «pequeño», «a mi alcance» (el cochecito); «fuera de mi alcance» (el camión). De la misma forma en otro momento, jugando hará la experiencia de pesado / liviano, encima / debajo, dentro / fuera, detrás / delante, etc., y a través de los juegos de subir y bajar, entrar y salir, esconderse detrás, colocarse delante, levantar objetos de distintos pesos, etc., aprenderá estos conceptos. Las bases de estos conceptos se aprenden a través de experimentarlos. Estas experiencias necesitan ser vividas muchas veces para que puedan ser asimiladas. Pero serán asimiladas siempre que sea en un entorno tranquilo, que permita observar y asimilar. Si hay demasiados estímulos, demasiado ruido, cambios de luces, de personas, el niño no podrá prestar atención, observar y asimilar. Si el niño no ha vivido estas experiencias, por ejemplo, si no ha subido encima del taburete, encima de la mesa, encima de una cama, si no se ha escondido debajo, explorado bien el espacio, si no se ha situado delante, al costado o detrás, si no ha recorrido el espacio y levantado objetos, más tarde no se las podremos enseñar a base, por ejemplo, de sentarlo a una mesa y proponerle que pegue *gomets* encima o debajo de una raya horizontal, que dibuje arbolitos altos y bajos, o que pinte dentro y fuera de un dibujo.

En otra experiencia, imaginemos un niño ya mayorcito que tiene caramelos y un amiguito le pide uno. En este momento el niño puede ser capaz de orientarse solamente entre uno, dos, muchos o pocos, más y menos. Sus matemáticas no dan para más. Pero capta que si da un caramelo al hermano, ese caramelo «se marcha», desaparece y «ahora tiene menos», pero si le dan algunos caramelos más «ahora tiene más». El niño está haciendo la experiencia vivida del concepto de número, de cantidad, de suma, de resta. Todo esto es una experiencia vivida básica para las matemáticas. Más tarde, el niño podrá entender y asimilar experiencias vividas básicas de la regla de tres directa (como cuando, por ejemplo, su padre le pide que vaya a comprar una caja de los objetos que sea, y que cada uno vale un euro) o de la regla de tres inversa (cuando se hable, por ejemplo, de que hay que correr porque si no llegarán tarde; cuanto más corran menos se retrasarán) y así sucesivamente.

Al principio, el bebé entiende las palabras correspondientes a una experiencia mientras está viviendo esa experiencia; así, entiende el vocabulario del baño mientras lo están bañando y el de la alimentación mientras le dan de comer. Por ejemplo, entiende la palabra «comer» cuando tiene hambre y la palabra «taza» cuando su taza está a la vista. En ese momento entiende lo que le dicen, pero falta mucho antes de que sepa decirlo. Más tarde entenderá ese vocabulario en cualquier contexto, en presencia o en ausencia de los objetos correspondientes, lo cual será indicio de que ahora el objeto está ya en su mente y, por lo tanto, tiene noción de su existencia aun cuando no lo ve. Se trata, como he dicho antes, de lo que se ha llamado la «noción de permanencia del objeto» o de «objeto permanente».

El niño puede aprender a hablar desde la base de sus experiencias vividas cada día, por ejemplo, desde la experiencia tan repetida de ser cambiado o desde la experiencia del baño, de que le den la comida, de jugar con el padre, de ir a paseo y tantas otras experiencias diarias para el niño criado por sus padres. Pero puede también crecer con una gran pobreza de experiencias vividas porque han jugado poco con él y le han hablado poco. Su lenguaje habrá quedado pobre. Éste es el caso de muchos niños criados en institución y después adoptados. Más tarde aprenderá a hablar como «de memoria», mecánicamente, como si su propio idioma fuese un idioma extranjero. A veces, además, sobre esta base tendrá que aprender su nuevo idioma.

Encontramos dificultades parecidas en niños que, sin vivir permanentemente en institución, han pasado demasiadas horas y desde demasiado pequeños en ella, en un período en que las experiencias vividas de juego (que a menudo consisten en imitar y repetir para elaborar la vida cotidiana con el diálogo correspondiente) son imprescindibles como base de los aprendizajes y comprensión de los conceptos.

Por todo esto deseo enfatizar la importancia de lo que llamamos «juego». Como ya he dicho antes, cuando la madre y el bebé juegan, o cuando el niñito juega con su padre, no se trata de «juego» en el sentido de algo entretenido, simpático, divertido pero en el fondo intrascendente, sino que es el importante trabajo del bebé con su madre, y con sus padres, en la construcción de los cimientos de su capacidad de abstracción y de su posibilidad de manejarse con conceptos. Cuando el niño juega con la madre o con el padre –o con otra persona allegada–, éstos intuitivamente le van explicando todo aquello que llama su atención. En la institución cuidadora, en cambio, los niños no juegan con alguien que conteste sus preguntas, examine con él los objetos que llaman su atención, alguien que vaya traduciendo cada experiencia para ayudar a entenderla y asimilarla. Es lógico, puesto que nadie tiene tiempo de sobras como para llenar esta función. Otro punto a destacar es que muchos niños de hoy en día juegan poco o no juegan, lo cual es una induda-ble pérdida de posibilidades y capacidades.

Otra función esencial de la madre es su capacidad empá-tica, que consiste en captar los estados de ánimo, emociones, vivencias y necesidades del bebé, y permiten interpretar correctamente lo que a él le sucede, lo que está viviendo, y darle una respuesta coherente. La capacidad de diferenciar de la madre, su tendencia a ponerlo en palabras en su con-versación con su bebé, y sus respuestas coherentes, enseñan al niño progresivamente a captar, diferenciar y a dar tam-bién respuestas coherentes. Ella pone nombre a las emo-ciones del bebé, con lo cual él aprende a ponerles nombre. Poco a poco aprende también a reconocer empáticamente emociones en los otros: «Está contento, está enfadado, está asustado…». Todo esto es también la base para desarrollar criterios, tan importante en la vida adulta y autónoma. Asimismo, el amor y el apego seguros que se desarrollan entre la madre y su hijo son la base de la capacidad de amar y del desarrollo social del pequeño.

Hasta aquí, me he referido a la relación entre la madre y su hijo cuando las cosas van bien, pero hay situaciones en que no lo van tanto.

Desencuentros

En condiciones normales es lógico que las madres no siempre entiendan bien las señales que da el bebé. Esto puede ser esporádico, pero a veces esto es lo usual. Cuando las respuestas de la madre o del entorno sistemáticamente no corresponden a lo que le sucede al bebé, por ejemplo, si la madre lo alimenta siempre que llora, sea hambre u otra cosa la que produce su malestar; si se empeña en ponerlo a dormir siempre que está inquieto, el llanto, la inquietud, el malestar aumentan y el bebé vive situaciones de ansiedad, soledad y estrés. Estas situaciones de mala comunicación entre la madre y el bebé pueden corresponder a períodos de fuerte ansiedad, o a estados depresivos por causas ambientales o personales.

El bebé sufre también cuando está en un entorno que no lo conoce y él no conoce a las personas que se ocupan de él. Puede mostrar su malestar con su llanto, su desazón, su desespero, su pérdida de apetito y sus dificultades para dormir. A veces se desvalorizan estos signos de malestar, pensando que al bebé ya se le pasará, se acostumbrará y que no sucede nada. En cambio, es mejor tomar sus expresiones como cosa siempre seria, que siempre necesita atención, ya que el riesgo es que el apego seguro pase a ser apego ansioso, cosa que le puede afectar toda la vida. Todo esto sucede frecuentemente cuando el niño va a una institución cuidadora. Si no se le hace caso, cosa que pasa más a menudo de lo deseable, la situación es grave ya que el sufrimiento, la ansiedad y el estrés, como explico más adelante, son dañinos para un cerebro inmaduro como es el del bebé y para su evolución, y también para la relación de apego, de amor y de confianza del bebé hacia su madre.

Otro problema es cuando la madre emocionalmente necesita que el bebé esté siempre disponible para la relación con ella, porque si no se siente rechazada. Esta madre no soportará que cuando el pequeño esté cansado, se aparte y se desinterese. Seguirá estimulándolo y reclamando su atención de forma invasiva, en un bombardeo de estímulos fatigante, estresante, para el pequeño. Sabemos que el estrés continuado mantiene la fabricación de cortisol o hidrocortisona a niveles altos y que esta hormona tiene efectos negativos porque facilita la pérdida de dendritas. Por tanto, dificulta la formación de sinapsis, lo cual impide la creación de la red neuronal y la integración del cerebro (Gerhardt, 2008). De todos modos, es evidente que un error de la madre no traumatiza definitivamente a ningún bebé.

Otra dificultad en la relación surge cuando los padres están atrincherados detrás de un muro que dice: «Nos toma el pelo». Esta posición de recelo, de desconfianza, que lleva a no hacer caso debido al convencimiento de que el hijo quiere aprovecharse de su buena fe, crea una distancia, una anti-empatía y devuelve al hijo una imagen negativa de sí mismo. Crea la disyuntiva de «padres listos, luego no atienden» / «padres que atienden, luego son tontos». Estas imágenes son negativas para el hijo; no le sirven para construir una identidad sana. Para el desarrollo emocional es siempre mejor hacer caso del malestar del niño, aunque en algún momento incluso sea verdad que, generalmente por estar asustado, exagera. Incluso, es mejor cometer el error de que un hijo en un momento dado nos tome el pelo, que no que lo abandonemos a su malestar. El niño necesita estar seguro, comprobar que ante el sufrimiento sus padres serán incondicionales, que le quieren y que lo que a él le sucede es muy importante para ellos, que estarán allí para apoyarlo, protegerlo y para ayudar a calmar su ansiedad.

Otra causa de desencuentro es cuando la madre atraviesa un período depresivo. Debido a su baja forma, ella atiende al niño, lo alimenta y limpia, pero decaída, inexpresiva, apagada, cerrada en sí misma, poco interesada en su bebé y poco estimulante. El bebé puede reaccionar «apagándose», desentendiéndose, pasando a un apego-evitativo, incorporando rasgos de inseguridad, temor, depresivos en su carácter; incluso desconectando y, si el problema se cronifica, desarrollando rasgos autistas.

Los bebés están preparados para tener una madre humana. El problema empieza cuando el desencuentro viene a ser un problema permanente.

Ésta es una muestra corriente de dificultades en la relación entre padres y niño, de desencuentro. No me ocuparé de tantos otros tipos que también existen.

El bebé y su padre

Desde según qué ideología, a veces se sostiene que la relación del bebé con su padre es idéntica a la relación con su madre, que padre y madre pueden ofrecerle cuidados idénticos, en cierto sentido que, si quieren, ambos son intercambiables. Su interrogación es: ¿Hay algo que pueda hacer la madre que no pueda hacer el padre? Creo que sería más apropiado decir que, si están bien implicados, ambos padres son muy importantes, ambos pueden cuidar muy bien de su bebé, cada uno a su manera, pero que los cuidados, desde diversos puntos de vista, lógicamente no serán idénticos.

A veces se cree que la diferencia entre la relación del bebé con su padre y la relación con su madre se debe exclusivamente a concepciones sociales de ideología tradicional −una expresión de la cual sería que cuando nace una niña le ponen una muñeca en brazos, pero si nace un varón lo dotan con una pelota, un arma o un coche−. Así, los patrones educativos preconcebidos que distribuyen los roles sociales del niño y de la niña siguiendo también una ideología clásica serían los que no dejarían evolucionar la posición social y laboral de la mujer. Mirado así, se nos olvidaría la dotación biológica de cada género. Con esto no estoy sosteniendo que la distribución tradicional de roles y los patrones educativos clásicos no existan: al contrario, por supuesto que están ahí y se apoyan tanto sobre características básicas de la especie como sobre tendencias históricas. Es más, creo que cuando se sostiene la igualdad total entre padre y madre ante la crianza, en realidad se defienden dos reivindicaciones: la mujer defiende que hombre y mujer tengan los mismos derechos y deberes, que no haya la desigualdad social y laboral que las mujeres hemos sufrido tantos años; y en segundo lugar, que los padres se impliquen a fondo en la crianza, que ésta no sea cosa de mujeres solas. El hombre, por su parte, especialmente hoy en día que hay tantos hombres implicados en la crianza y en la educación de sus hijos, reclama, como es justo, tener un lugar de primera fila como el de la madre en el cuidado de los hijos. De todos modos, esta igualdad justa y deseable a veces se quiere llevar más allá de lo posible, y parece que se acaba olvidando la irreductible biología, la realidad de las diferencias biológicas, de las funciones y capacidades de uno y otro género ante la procreación y la crianza, que hacen que incluso el mismo bebé reaccione diferente ante uno y otro progenitor. El padre tiene siempre un importante lugar y una función esencial en relación a su hijo y a la madre: el de protección, apoyo, ayuda en los momentos de dificultad y de necesidad de reflexión y decisión. Esta presencia y ayuda suya es lo que hace tan diferente criar al hijo entre dos o criarlo una persona sola.

De todos modos, a menudo se aceptan con dificultad las diferencias biológicas y vuelve a tratarse la cuestión desde la ilusión de igualdad o identidad. Por mi parte comparto el deseo de que esa identidad existiera. Sería realmente práctico: si el bebé quisiera, si lo aceptara, el padre podría disfrutar de una relación más completa e intensa con él. En cambio, en realidad, en los momentos difíciles cuando por ejemplo está enfermo, asustado ante algo nuevo o que cuesta de consolar porque se ha hecho daño, el niñito quiere ser reconfortado por mamá y a menudo injustamente rechaza la oferta del padre de atenderlo. En los primeros tiempos es poco frecuente que ambos padres y ambas formas de cuidarlo sean aceptados del mismo modo.

Pero el bebé puede ir más lejos. En ocasiones, sobre todo en los momentos de malestar y ansiedad cuando se despierta llorando asustado por la noche, el bebé puede no aceptar ser atendido por nadie que no sea la madre; entonces, puede rechazar abiertamente y de malos modos al padre, quien, deseando compartir el esfuerzo de cuidarlo, se ha levantado de la cama. Si el padre insiste, el niñito es capaz de chillar y armar un escándalo, rechazándolo y exigiendo a grandes gritos que venga la madre… Puede comportarse como un pequeño dueño exigente y posesivo, completamente reaccionario. Los bebés, con su total falta de diplomacia, pueden ser muy frustrantes para el padre. Y si la madre está cansada o enferma pueden también ser muy frustrantes para ella: por mucho que haga, aún no es suficiente. El bebé, en según qué momentos, no se hace cargo de nada; ambos padres pueden sufrir por sus exigencias, especialmente cuando atraviesa algún período más difícil, como es por ejemplo estar enfermo.

Si la ilusión de igualdad fuera realidad y el bebé no fuera a veces tan tozudo que aquellos que lo ven pueden considerarlo mal-educado, ambos padres podrían compartir todos los cuidados que necesita, podrían levantarse uno u otro por la noche cuando llora, pide agua o hay que darle un medicamento y hacerle compañía porque está ansioso y no acepta separarse. Ambos padres compartirían también sus sonrisas y las expresiones vehementes de su cariño y apego. El padre podría sustituir sin problema a la madre cuando ésta tuviera que ausentarse, estuviera enferma o cansada.

Pero entre otras cosas, los aspectos psicológicos entroncados en la biología y las características biológicas mismas de los personajes de esta representación no permiten que las cosas sean de este modo. Las funciones maternas de gestar, dar a luz y alimentar la colocan a ella en una posición diferenciada y de momento única. El recién nacido desde el minuto uno de su nacimiento reconoce la voz y el olor de la madre, la distingue de las otras personas de su entorno y la señala como su cuidador principal. En los primeros tiempos establece con ella una relación especial, con funciones evolutivas, a la que llamamos «apego seguro».

Esta preferencia que manifiesta el bebé y lo injusto que es su rechazo cuando el padre está muy implicado en su cuidado, a menudo despierta malestar en el padre, cuando no celos y sufrimiento. Es lógico. La forma como el padre se las arregla con estos celos, el caso que les haga, puede determinar la futura relación con su hijo.

De todos modos éste es solamente el comienzo. Cuando el padre, haciendo caso omiso de sus celos sigue implicado en los cuidados de su hijo y aprovecha todas las oportunidades que éste le da para jugar con él, atenderle y cuidarle, las cosas van cambiando. Si es cierto que al principio de la vida predominan la genética y la biología, luego, debido precisamente a la plasticidad del cerebro que permite que las experiencias de relación se inscriban en él y registren momentos de memoria y de aprendizaje, poco a poco, irá predominando la relación que se construya, el vínculo y la influencia del entorno. Las experiencias que padre e hijo vivan juntos dejarán una huella: aquellas positivas que constituyan buenos recuerdos y lazos de cariño y de confianza, y también los momentos que compartan de ansiedad. La relación que cultiven en cada nueva experiencia y el conocimiento mutuo progresivo irán modificando el panorama y teniendo cada vez más peso. En parte sucede aquello de que «El roce hace el cariño», que traduciríamos por: vivir experiencias de todo orden juntos deja huella y crea el vínculo y la relación.

Esta «prestación personal» del padre contribuye también a modificar y a hacer madurar la relación de apego del niño con su madre. Si la madre es capaz de facilitar también la separación y por tanto la creación, por parte del niño, de una identidad propia y de una forma de relación más madura que incluya al padre, el proceso evolutivo del niño estará en el buen camino.

En cambio, si el padre se frustra demasiado y se hiere cuando su hijo lo rechaza, si se retira y se aparta, si se deja colocar y se coloca en un segundo plano, puede ser que ya no se consiga implicar y pierda muchas posibilidades de relación que ofrece la infancia del hijo. A veces estas dificultades se extienden más allá de la infancia y hasta la edad adulta.

Podemos observar de forma que no deja lugar a dudas la fuerza biológica contundente del apego a la madre en circunstancias tan especiales como son las de una unidad de neonatología, donde se atiende a bebés prematuros de bajo peso, que están en incubadora y necesitan recibir oxígeno durante parte del tiempo debido a que su capacidad respiratoria no es suficiente como para mantener las constantes a niveles correctamente estables. Padre y madre colaboran en la unidad realizando distintas funciones de cuidado del bebé, entre ellas el «método canguro»:[13] cuando es la madre quien lo practica generalmente puede observarse en el monitor que registra permanentemente las constantes del pequeño, que el nivel de saturación de oxígeno asciende hasta el cien por cien. Al mismo tiempo la ansiedad y el estrés del bebé se calman y éste consigue alcanzar el sueño profundo que corresponde a la fase REM. Éste es el sueño propiamente reparador porque favorece que se creen nuevas conexiones neuronales o sinapsis, por tanto, que progrese la construcción de la red neuronal y la maduración del cere-

13. La madre o el padre colocan el niñito desnudo sobre su pecho, con contacto piel a piel y, envueltos y abrigados, durante largo rato hacen de «canguro».

bro. En cambio, si el método canguro lo practica el padre la saturación de oxígeno mejora, pero suele alcanzar en general cifras entre el 85 y el 90 por ciento.

En su trabajo «Cuidados centrados en el desarrollo: un proyecto común», la Dra. Gemma Ginovart[14] dice: «El contacto piel con piel mejora en el bebé: el ritmo cardíaco, la temperatura, la glucosa sanguínea, el sistema inmunitario, el sueño, la ganancia de peso y la maduración cerebral». Deja bien claro, pues, la vital significación del contacto íntimo con la madre o el padre, y por tanto no deja ninguna duda acerca de la función de este contacto en situaciones de fragilidad y de riesgo para el bebé. Podemos también deducir la importancia de contactos más evolucionados como es tomar en brazos, mecer, con-tener en el sentido de acompañar y tranquilizar, conversar, etc., para hijos no tan pequeños ni tan frágiles.

Hasta aquí he descrito la forma como habitualmente se distribuyen los roles parentales en la vida cotidiana, pero a veces las cosas son de otro modo: en ocasiones es el padre quien cuida del hijo desde muy al comienzo de su vida. Es él quien está al caso y atiende al niño en todas las circunstancias mientras la madre ocupa el segundo plano en la crianza. Entonces, cuando el niño necesita algo, se hace daño o se despierta de noche, es al padre a quien llama. Pueden ser muchas las razones por las que el cuidado del bebé se ha or-

14. Dra. Gemma Ginovart, neonatóloga del Servicio de Neonatología del Hospital de Sant Pau de Barcelona.

ganizado de esta forma y por supuesto el resultado puede ser válido, pero este punto queda fuera de mi cometido aquí.

Decía antes que para sostener que el padre y la madre pueden ofrecer al bebé relaciones idénticas hay que olvidar la biología. A veces, cuando las funciones reproductoras de la mujer se ven como algo negativo que conducirá a que la mujer sea explotada, en un intento de defenderla se afirma que ambos géneros son idénticos: si ella tiene capacidades biológicas –gestar, parir, lactar– que el hombre no tiene, siempre le tocará a ella *pringar*. Lo he oído calificar de esta manera. Es evidente que, en estos casos, tener un hijo se está considerando solamente como un riesgo y como una carga, y no como un privilegio. Es una forma de entender la maternidad que no siempre permite disfrutarla. A veces, cuando se habla de necesidades del recién nacido y del bebé, de la relación de apego, de las importantes funciones maternas, se teme que se está queriendo cargar más cosas sobre las espaldas de la mujer, y que se quiere empujar hacia atrás, hacia patrones patriarcales clásicos. En este caso, vuelve a presentarse la crianza fuera de casa como la oportunidad que se brinda a la mujer para equipararse al hombre y organizar libremente su vida laboral. Entonces, se habla de conciliación pero se está en realidad desatendiendo las necesidades del bebé.

En las últimas décadas se ha investigado mucho sobre estos puntos estudiados hasta aquí. Nos interesan especialmente dos líneas: los estudios sobre el funcionamiento del cerebro y sobre la función del apego. Éstos nos confirman el valor del sistema de crianza que hemos descrito.

Investigaciones por neuroimagen sobre el desarrollo del cerebro

Estas investigaciones por neuroimagen (fMRI) han descubierto cómo se desarrolla el cerebro durante el primer año o los primeros años de vida del niño. Hace tiempo que se sabe que el cerebro no es un órgano fijo, terminado e inmodificable como se había creído, sino que a lo largo de toda la vida continúa modificándose a base de integrar «huellas» de las experiencias que el individuo vive. La inscripción de estas huellas se hace gracias a cambios en la utilización de los neurotransmisores. Las neuronas producen más o menos cantidad de neurotransmisores según la calidad de las experiencias que van a inscribirse. La cantidad de neurotransmisores, a la vez, actúa como un regulador de la actividad.

En estas investigaciones se estudian las modificaciones en la anatomía y la fisiología del cerebro en vivo, mientras trabaja. Esto significa que se registran sus cambios anatómicos, como el estado de sus sinapsis y de las dendritas, y su funcionamiento, que incluye las modificaciones que se producen en su metabolismo, circulación sanguínea y, sobre todo, en la fabricación de neurotransmisores según el tipo de actividad que en ese momento el cerebro realiza. Así, entre otros muchos ejemplos se ha podido ver que cuando se pide al individuo examinado que piense en algo triste, aumenta la actividad (fabricación de neurotransmisores, aumento del metabolismo y de la circulación sanguínea) en unas células de su cerebro, mientras que si se le pide que piense en algo alegre se activan otras células diferentes. Asimismo, si se le examina, por ejemplo, mientras resuelve un problema de matemáticas o mientras escucha música, son otros los grupos de células que responden. Cada actividad que el niño practica, por ejemplo patear una pelota, mirar por un agujero, imitar un sonido que su padre produce, alargar el brazo para alcanzar un juguete, correr, dormir, etc., modifica su cerebro, en principio en dirección progresiva, madurativa. Las experiencias positivas, favorables, que el niño vive con bienestar y sensación de seguridad mejoran el cerebro en el sentido de mejorar las sinapsis y por tanto la red neuronal. Cada actividad corresponde a una zona determinada de la corteza cerebral. La corteza cerebral es la capa exterior del cerebro, donde hay más cuerpos de las neuronas, que son de color grisáceo y por eso se la ha llamado «materia gris».

Pensar algo alegre o triste, estudiar matemáticas, etc., son experiencias mentales que atañen también al cerebro. Es evidente que la mente no es sinónimo de cerebro, pero es necesario un cerebro sano, bien desarrollado, para que pueda haber una mente que funcione bien. De este órgano, por tanto, dependen funciones tan importantes como la inteligencia, la afectividad, el equilibrio emocional, las capacidades sociales... Todas éstas son funciones mentales y cerebrales.

Estas investigaciones muestran también el deterioro que se produce en el cerebro cuando hay falta de actividad, por ejemplo cuando la vida del niño es pobre en experiencias correspondientes a su edad. Esto puede depender de que el niño esté decaído, deprimido, con falta de interés, o también que esté en un entorno que no facilita esas experiencias. La combinación de ambos factores es bastante frecuente: el niño está en un entorno que lo deprime, le causa decaimiento y desinterés. En estos casos, las zonas del cerebro que no se utilizan se «podan», que significa que se pierden neuronas. Otras zonas poco estimuladas se empobrecen, las neuronas pierden dendritas y, por tanto, sinapsis y se producen atrofias. Si la actividad se reemprende a tiempo, en un plazo corto según la edad del individuo, el cerebro puede recuperarse, pero si tarda más de la cuenta esas atrofias serán definitivas. Cuantos más años tiene el individuo, menos tarda en hacer pérdidas definitivas, que ya no serán recuperables. Los niños pequeños conservan algo más de tiempo la posibilidad de recuperar funciones, pero es difícil dar idea exacta porque intervienen muchos factores. Un ejemplo serían los niños criados en orfanato que han vivido mucho tiempo en un entorno pobre en estímulos, muchas veces con poca actividad incluso motora. En general se tiene idea de que llegan a la adopción con retrasos en el equilibrio, la marcha y el lenguaje, pero es menos conocido que a menudo llegan con lesiones anatómicas cerebrales y pérdidas funcionales definitivas. Eso significa que la red neuronal se rompe, se des-integra. Sin llegar a situaciones tan graves, niños de ambientes poco estimulantes, a los que se habla poco y no se juega con ellos, sufren también pérdidas que llegan a cronificarse y que luego producen pobreza en su aprendizaje escolar.

Investigaciones sobre el apego y sus funciones. El apego seguro

En 1951 la Organización Mundial de la Salud (OMS) encargó a Bowlby una investigación sobre «los niños sin hogar en su país natal». Se trataba de poner en marcha los sistemas de observación necesarios para conocer cómo se desarrollaban y lo que sucedía cuando se quedaban sin hogar. De estas investigaciones surgió el libro *Cuidados maternales y salud mental* (Bowlby, 1951), que orientó toda una época. Las investigaciones pusieron en claro que los cuidados maternales son imprescindibles para un desarrollo saludable y que la ausencia de estos cuidados por cualquier razón que sea, como por ejemplo por crianza en institución, son un grave riesgo para el niño.

Muchos estudiosos continuaron su tarea en los años siguientes y la han continuado hasta hoy en día. Se realizaron estudios e investigaciones sobre la relación de apego, sus distintos tipos y sobre las diferentes facetas de la relación madre-hijo. Esto ha permitido el conocimiento profundo que tenemos hoy en día de este campo.

En sus investigaciones Bowlby llegó a formular lo que se ha llamado «teoría etológica de la salud mental y de sus perturbaciones», o sea, la teoría que explica los factores de la salud mental y las causas de los trastornos mentales.

Según esta teoría, el bebé y el niño pequeño *deberán ser criados en una atmósfera cálida y estar unidos a su madre (o persona que hace función de madre) por un vínculo afectivo ín-*

timo y constante (al que Bowlby más tarde llamó «apego»), *fuente de satisfacción y de bienestar para ambos. Gracias al apego los sentimientos de ansiedad y de culpabilidad, cuyo desarrollo exagerado caracteriza la psicopatología, serán canalizados y ordenados.* Observamos la importancia que Bowlby da a la ansiedad y a los sentimientos de culpabilidad, que considera que son contrarrestados por un apego seguro a la madre. Los considera elementos causales de la enfermedad mental. Hoy en día, que conocemos los efectos negativos del cortisol, hablaríamos sobre todo del riesgo de un exceso de ansiedad y de estrés, que estimulan la producción de cortisol. Lo retomaré más adelante.

Años más tarde Bowlby (1969) emprendió otra investigación en la que amplió y profundizó su teoría del apego y estudió el riesgo que significa la separación precoz. La publicó con el nombre de *Attachment and Loss*, que significa «Apego y Pérdida». En sus estudios, considera los distintos grados de gravedad que puede tener la carencia afectiva. Llega a la conclusión de que la forma como repercute la privación de cuidados maternos varía en función de diversos factores: hereditarios, edad del niño, duración y grado de la carencia sufrida. Hoy en día, gracias a las aportaciones de diversos autores, entre ellos Boris Cyrulnik (2002), que ha estudiado y descrito la resiliencia o capacidad de recuperarse y salir adelante de situaciones traumáticas, añadiríamos que la repercusión depende también de la resiliencia del niño. Según ésta, el niño supera de formas muy diversas las experiencias negativas, pero hay que tener en cuenta que la resiliencia se fortalece gracias a haber tenido un vínculo afectivo suficientemente bien establecido en la primera etapa de la vida, como para que el niño haya incorporado una seguridad interna sostenedora. Nuevamente, además, después de una situación traumática, el niño evoluciona bien si tiene un «tutor de resiliencia», alguien con quien pueda establecer vínculos seguros, apego seguro.

A partir de las aportaciones de Bowlby, muchos otros investigadores han continuado estudiando sobre la evolución del apego y la gravedad de la separación de la madre en la primera infancia en el origen de los trastornos mentales. Otros estudiosos investigaron también el vínculo y su significado en la evolución y en la salud mental, y profundizaron en el conocimiento de la relación entre el bebé y su madre. Entre ellos, Brazelton y Cramer (1993), Bethelheim (1974), Corominas (1991), Gerhardt (2008), Spitz (1968) y muchos otros. En años recientes tenemos los estudios de Mario Marrone (2001) y de Peter Fonagy (2004), que continúan en línea con las investigaciones de Bowlby. Ellos han desarrollado los estudios de este autor y han ampliado las ideas sobre el apego con su propia experiencia.

Así, Fonagy confirma el punto de vista de Bowlby de que las relaciones tempranas perturbadas madre-hijo –las que se dan precisamente cuando el niño es muy pequeño– deben ser consideradas como un precursor clave de la enfermedad mental. Además destaca como contribución crucial de Bowlby su inalterable convicción de que el niño necesita un temprano apego seguro a la madre. Está de acuerdo con este autor en que el niño que no consigue desarrollar este tipo de apego corre más riesgo de presentar, cuando es separado de la madre, signos de deprivación parcial. Estos signos a menudo se manifiestan como una gran necesidad, una necesidad excesiva de ser querido, atendido, de que se le haga caso. Otras veces, por el contrario, se manifiestan en forma de una reacción de resentimiento, venganza, intensa culpabilidad y depresión. Cuando la separación es más prolongada se observan también signos de deprivación completa: apatía, indiferencia, decaimiento, intensa depresión y retraso en el desarrollo psicomotor. En edades posteriores aparecen signos de superficialidad, vínculos pasajeros y poco consistentes, con ausencia de sentimientos profundos y tendencia a la falsedad y al robo compulsivo.

Fonagy dice que el apego significa más que el simple vínculo al cuidador. Se trata de un apoyo insustituible al sentimiento de seguridad del niño y, por tanto, a su autoestima y a un desarrollo sólido de su personalidad. Es sumamente importante comprender bien esto, pues a menudo no se le da todo el valor que tiene a este lazo básico que une el niño a su madre y que influye el desarrollo. La madre, al estar disponible para acoger el apego de su hijo, le da suficiente seguridad como para poder explorar (Ainsworth y col., 1978) y, como sabemos, es en esta función que se basa la capacidad de aprender y la autonomía.

Pero en este caso, ¿qué significa «explorar»? Para el niño pequeño, en sus primeros años significa sentirse suficientemente seguro como para atreverse a acercarse a lo nuevo, a lo que no conoce, con ánimo de descubrirlo, sentir interés y curiosidad, en lugar de que predomine el temor y la tendencia a replegarse. Aquello desconocido despierta interés por explorarlo y conocerlo; por atreverse a nuevas experiencias; por observar los objetos, manipularlos, examinarlos con las manos y, cuando el niño es pequeño, con la boca. Utilizar los juguetes y los objetos para ensayar con ellos y para aprender. Un ejemplo de explorar y aprender es cuando el niño puede, por ejemplo, gatear descubriendo rincones de la casa, objetos a observar, estudiar, examinar. Investigando, hacia los nueve meses tira los objetos al suelo, fuera de la cuna o desde la silla alta y cierra los ojos anticipadamente esperando el ruido que harán al chocar contra el suelo; luego se asoma para ver dónde cayó el objeto y chilla para que se lo devuelvan… para repetir el experimento, claro. También, trata de meter un objeto dentro de otro, los mira, los muerde, los golpea y escucha el ruido, ensaya equilibrios con ellos. Parece infatigable con sus deseos de explorar y aprender. Esta actividad exploratoria permite ir conociendo el mundo a su alrededor, el entorno, pero, además, va creando su autonomía, por tanto, paralelamente va progresando su desarrollo personal.

Todos hemos observado un bebé de alrededor de un año jugando: lo vemos concentrado manipulando y explorando sus juguetes, y mejor aún si son objetos de la casa o de los padres: el bolso de su madre, la cartera del padre, las llaves de la casa… Cuando el niño ya camina, se atreverá a explorar rincones cada vez más alejados de donde está la madre: primero se atreverá a ir a la habitación de al lado, algo después,

progresivamente, irá también a la otra punta de la casa...
En otro momento, cuando va al parque, se atreverá a desplazarse hasta el extremo del seto, por ejemplo, tratando de descubrir qué hay en el otro lado, aunque por algunos momentos deje de ver a su madre. La distancia podrá ir aumentando. Habrá momentos en que se atreverá a alejarse hasta la distancia que le permita continuarla viendo o hasta donde alcance la voz de la madre. Si la ve o la oye puede seguir explorando, cuando deja de verla o de oírla comienza el peligro y es momento de volver.

Si su interés y su curiosidad se mantienen sin decaer, más tarde lo aplicará a la escuela y podrá disfrutar aprendiendo, además de tener buenos resultados académicos.

Pero, ¿qué sucede si en plena exploración se aleja la persona central en el apego del bebé, aquella persona de la que depende su seguridad, su confianza en sí mismo? Si su apego es seguro, el bebé inhibe su tendencia a explorar y queda a la espera. Si la madre no tarda en volver, el niño reanuda su interés y la exploración continúa. En la vida cotidiana del niño, la reacción a la separación, lógicamente, depende siempre de las condiciones de conjunto: tipo de apego, grado de ansiedad, lugar conocido o desconocido para el niño, personas presentes en ese momento. Cuando el niño ha establecido un apego ansioso y su reacción a la separación es de temor, se calmará cuando vuelva la madre pero no podrá volver a explorar porque necesitará mantener una vigilancia constante en relación a ella. No se siente suficientemente confiado, su temor es que ella desaparezca. Eso significa que el niño no puede separarse y que se detiene el desarrollo de su autonomía.

La capacidad de explorar, que como he dicho antes para desarrollarse necesita de un apego seguro y de la disponibilidad del cuidador, es básica para el desarrollo de la capacidad de aprender y de la autonomía. Por esta razón, el apego seguro tiene una función evolutiva clara. En la consulta de psicología y psiquiatría recibimos niños muy apegados a su madre, temerosos, asustados, que no se pueden separar de ella ni un segundo, que están constantemente atentos, vigilando sus movimientos. Se suele interpretar como que han estado «demasiado mimados», queriendo decir consentidos, sobreprotegidos. En general suele ser lo contrario: las más de las veces han sido cuidados con humor cambiante, a menudo por una madre ansiosa, insegura y temerosa, de forma que el niño nunca sabía a qué atenerse y por tanto desarrolló un apego ansioso.

Pero el apego seguro no es un fin en sí mismo, sino que es un factor evolutivo, un apoyo a la autoestima y a la seguridad en uno mismo, y justamente por esto y al contrario de lo que a veces se piensa, es también un apoyo a la capacidad de separarse. A medida que el niño crezca, aprenda y progrese en funciones y capacidades, el apego seguro se irá modificando y convirtiéndose en formas de vinculación progresivamente más maduras. Si el niño ha establecido un apego ansioso, en cambio, tendrá más tendencia a aferrarse, a tener dificultades para la separación y para la evolución de este tipo de vínculo.

Pero, ¿qué caso hacemos a lo que nos han enseñado estas investigaciones?

Sistemas actuales de crianza: interacciones no estructurantes

La crianza no es una cuestión que deciden los padres solos. Por un lado, ellos llevan dentro su propia historia, sus recuerdos agradables y sus experiencias traumáticas, aquello que desearían repetir con sus hijos de la crianza que tuvieron y lo que desean corregir. También influyen, por supuesto, su sensibilidad, intuición, realismo, sensatez, capacidades, necesidades, etc., así como sus dificultades y limitaciones. Por supuesto también cuentan factores como las condiciones laborales, los horarios de trabajo, la flexibilidad que tengan, la hipoteca... Pero además, ellos están empujados por las corrientes de su contexto cultural y social. Todo esto condiciona sus decisiones y sus posibilidades de elegir más allá de lo que ellos mismos creen.

Tienen también importancia las presiones sociales o ideológicas de su momento coyuntural. Un ejemplo actual de esta presión la tenemos en la carta que transcribo a continuación, recibida en la Fundación Eulàlia Torras de Beà a través de nuestra consulta por Internet. Dice así:

Buenos días: Me siento un poco atrapada entre mis propios prejuicios y las reacciones de mi hijo. Tengo un niño de 18 meses que cada vez que lo llevo a la guardería (va allí algunas mañanas durante tres horas y media), rompe a llorar y cuando vuelve está taciturno, enfermizo y decae mucho su humor y su actitud. Además, siempre a los pocos días de asistir de forma continuada al centro se pone enfermo.

Nos estamos planteando sacarlo de la guardería y dejar que se quede en casa, pero a mí, personalmente, a pesar de que tengo la teoría muy clara y me gusta mucho escuchar opiniones como las de Eulàlia Torras o Carlos González, me doy cuenta de que me está costando mucho tomar esta decisión, ya que choco con el imaginario social y con la opinión de las monitoras de la guardería, que me dicen que nos estamos obsesionando y que «este niño nos tiene demasiado enganchados».

Yo, francamente, a pesar de que mi compañero y padre de mi hijo lo tiene ya muy claro, siento que nada me indica lo que hemos de hacer, me siento un poco perdida como para darme permiso y tomar la decisión de dejarlo quedar en casa hasta los tres años…

Nos parece la carta de una madre sensible, inquieta y preocupada, que lo está pasando mal, agobiada por los malos ratos que está pasando su niñito y por sus propios «prejuicios», como ella los llama, de los que se da bien cuenta. Observa las reacciones de su hijo de sólo 18 meses; dice que teóricamente lo tiene claro, escucha a su compañero, padre del niño, pero… A esta madre se le hace difícil soportar el peso de la desaprobación de las monitoras de la guardería, que le dicen que está obsesionada y que el niño los lleva por donde quiere. Censuran que el niñito los tenga enganchados, ¿pero qué otra cosa sería normal a esta edad, sino que los padres «estén enganchados», es decir, estén disponibles para el apego de su bebé? No nos aclara cuáles son sus prejuicios, de qué prejuicios nos habla, pero parecería que consisten en el temor de que su hijo salga «malcriado». ¿Quizá ella ha tenido una educación rígida con la típica exigencia de crecer deprisa? ¿O cree que le exigieron demasiado poco? Crecer deprisa es un apremio frecuente. Pero, ¿por qué deberían los niños crecer deprisa? ¿Qué razones nos inclinarían a creer que si crecen deprisa será mejor? Es por ahí, por el lado de la exigencia y la prisa, que podemos criar niños malcriados, o criados mal, a los que presionamos y obligamos a parecer maduros y no les damos tiempo de llegar a serlo, que tienen que aparecer bien revistiéndose de una fachada de pseudomadurez que esconde su inseguridad, necesidad, fragilidad personal, etc. A veces, de mayores, estas personas pseudomaduras son las que «hablan muy bien», «tienen consejos para los otros», pero llegado el momento hacen lo contrario de lo que aconsejan, mostrando que su «madurez» era un pegote sobre el vestido. En cuanto a la madre, parecería que su decisión depende menos de lo que ella siente y tiene claro, que de lo que le dice el «imaginario social» y la presión de las monitoras de la guardería. Su consulta busca que le demos el empujón definitivo en la dirección que ella siente que ha de ir para poder atreverse a enfrentarse a esta presión y proteger el apego seguro de su hijo.

Los sistemas de crianza actuales a menudo no tienen en cuenta lo que nos enseñan las investigaciones que he explicado. Por tanto, estamos en una flagrante contradicción: los bebés son, con frecuencia, criados en ausencia de aquellas personas que los aman y que tienen una relación suficientemente constante como para conocerlos a fondo y ofrecerles mayormente respuestas individualizadas, realistas y coherentes, que los hagan sentir seguros y apoyen sus pasos hacia una autonomía progresiva. Para el bebé es importante poder captar e integrar las respuestas maternas coherentes (Torras, 2002). Si fallan estas condiciones la organización de su personalidad corre un riesgo claro.

Cada vez más a menudo cuando nace el bebé ya está decidido hacerlo cuidar en una institución cuando tenga cuatro meses,[15] cuando la madre o el padre terminen su permiso laboral por maternidad. Según distintas estadísticas, hoy en día, entre el 40 y el 45 por ciento de los niños comienzan la guardería a los cuatro meses. Antes, hace cuarenta años, llevar un niño a la guardería a los dos años era llevarlo muy pronto; hoy en día, como se ve, es comenzar muy tarde. En aquel momento la mayor parte de niños iniciaban el parvulario a los tres años, sin haber asistido antes a ninguna institución. Actualmente, son muy pocos los niños que inician su asistencia a una institución cuidadora más allá del año y medio. La tendencia, además, es mandar los niños cada vez más pronto, demasiado pronto.[16]

15. Van también en aumento los bebés que asisten a la guardería desde los cero meses.

16. Finlandia, Alemania, Dinamarca y Suecia son los que establecen mejores ayudas económicas y laborales a los padres para que pue-

Es evidente que se trata de un cambio de cultura. Antes los padres tenían clara su importancia en la crianza de sus hijos. Se sabían en la primera línea de esa responsabilidad y estaban interesados en prepararse para realizarla cuidadosamente: se informaban, leían, consultaban... La organización mayormente patriarcal de la sociedad, donde las mujeres a menudo estaban como quien dice exclusivamente al cuidado de los hijos, facilitaba que éstos fueran criados en casa. Evidentemente, esta fórmula atendía a las necesidades de los hijos, pero quedaban descuidados los derechos y las necesidades de la mujer. Era la época en que, en el código civil, estábamos registradas como si fuésemos menores o disminuidas psíquicas. Es lógico que nos reveláramos contra esta situación y que reclamáramos el derecho a la formación y al trabajo, que equivalía al derecho a la mayoría de edad y a la autonomía, en esos años inexistentes para nosotras. Hoy en día, lógicamente, los padres reclaman su derecho a la conciliación entre vida familiar y vida laboral. Para muchos es un sufrimiento tener que soportar la separación precoz de su hijo y el riesgo que supone no poderlo atender

---

dan atender a sus hijos. Dinamarca y Suecia dan una prestación económica durante 480 días. En Dinamarca, luego, los padres pueden continuar teniéndola si su situación económica no es buena. Alemania establece, si los padres no mandan a sus hijos a la guardería, una duplicación de lo que reciben. Finlandia establece una prestación para las primeras 43 semanas, pero según la situación, los padres pueden después seguir recibiendo una prestación económica hasta que el niño tiene tres años.

personalmente como querrían. Sería justo que ellos tuvieran derecho a permisos más largos de maternidad, a prestaciones económicas y a una legislación correcta. Todo esto permitiría a los padres atender a sus hijos como ellos consideraran saludable y constituiría una conciliación real entre la vida laboral y la crianza de los hijos. Socialmente tiene todo el sentido poner esfuerzos en esta dirección para favorecer el mejor desarrollo posible de los futuros ciudadanos. Aunque hay padres que han escuchado la propaganda que dice que la guardería es lo que necesitan los bebés... y por tanto consideran que los esfuerzos deben ir en ese sentido.

Se ha dicho que la guardería fue una victoria de la política de izquierda[17] para liberar a la mujer y ayudarla a conseguir la igualdad profesional con el hombre. Saliendo de la organización social tan injusta en que estábamos, se comprende muy bien que se hicieran esfuerzos para otro tipo de sociedad. Pero ninguna de estas luchas hizo cambiar para nada las necesidades de los bebés, que continúan siendo los mismos de siempre. Al responder de esta forma a las necesidades de la mujer, se dejaron desatendidas las necesidades del hijo. Ésta tampoco es una conciliación real.

17. En realidad, de alguna forma las guarderías han existido siempre. Las primeras organizadas sistemáticamente eran anexas a las fábricas y su intención era que, después del parto, las madres volvieran pronto al trabajo, para lo cual era necesario que pudieran continuar lactando a su bebé. En la fábrica, tenían permisos periódicos para darle el pecho.

También se ha dicho que la creación de nuevas plazas de guardería, como se está haciendo hoy en día, es un beneficio a la economía del país en la medida en que la mujer puede dedicarse a su trabajo. Aquí lo que está atendido son las «necesidades del país», pero no las de la madre ni las del bebé.

Jay Belsky (2001), que ha conducido importantes investigaciones en EE UU y más tarde en Inglaterra sobre la cuestión de la crianza, habla del riesgo psicológico que representa para los niños la asistencia a *nonmaternal care* (a cuidados no maternales, que es una forma de referirse a la guardería), más de diez horas semanales si el niño tiene menos de un año. En realidad él se refiere a niños de unos nueve o diez meses. Niños menores hacia esos años ni se le ocurría que pudieran ir. Considera que si el niño asiste a guardería veinte horas por semana la situación es de riesgo y que si asiste treinta horas por semana podemos tener la seguridad de que habrá problemas de agresividad y de reacciones antisociales y de desadaptación. Se refiere también a lo importante que es la edad a la que comienza el niño su asistencia a la institución y considera un riesgo empezar dentro del primer año. Explica que, a medida que aumentan las horas de asistencia a la institución, aumentan también los problemas de conducta y su gravedad. Dice que hay estudiosos que sostuvieron que los niños criados en guardería eran más independientes y asertivos que los otros niños. Esto es algo que se esgrime habitualmente para convencer a los padres de mandar al bebé a la guardería. En cambio, en la investigación NICHD (*Early Child Care Research Network*, 2001), encontraron que los niños criados en institución daban muestras evidentes de mucha necesidad, reclamaban mucha más atención, sus demandas debían ser atendidas inmediatamente, fácilmente se mostraban celosos, se peleaban a menudo y eran desobedientes, desafiantes y agresivos.

En el artículo a que me estoy refiriendo, Belsky da idea de la controversia creada hacia 1986 entre los partidarios de la guardería para la crianza de los niños y los expertos del desarrollo por un lado, y los contrarios a la crianza en guardería por el otro. Al final de su artículo considera que se ha progresado en reconocer lo que son los aspectos nucleares en esta controversia. Dice que ya no es posible sostener, como lo hicieron los expertos del desarrollo y los partidarios de la guardería, que el cuidado *nonmaternal* precoz y muy extenso no tiene riesgos para los más pequeños y quizá también para otros grupos de niños. Dice que este cambio de actitud indica reflexión activa y sensibilidad a los resultados de las investigaciones que resultan diferentes de lo que se había sostenido. Queremos creer que, entre nosotros, esta sensibilidad podrá también darse.

Belsky nos alerta acerca de los riesgos de la separación precoz, situación en que están muchos niños de pocos meses que asisten a la guardería durante ocho y diez horas diarias, lo que significa todas las horas de vigilia. Rygaard (2008) añade que, en experimentación con chimpancés, se ha demostrado que la separación aún corta (catorce días) produce en el pequeño alteraciones del electroencefalograma que se mantienen aún después de que se recupere el contacto. También se produce disminución de la función inmunitaria, por tanto más tendencia a contagiarse enfermedades. Los chimpancés que durante su primer año habían estado separados intermitentemente de sus madres se convirtieron en adultos con comportamiento inseguro, temerosos y que reclamaban mucha atención. En términos humanos, con temor neurótico a la separación. Se les podía observar constantemente abrazados el uno al otro sin participar en las actividades normales del grupo, como jugar y despiojarse. Los que habían estado separados continuamente durante el primer año habían desarrollado un comportamiento agresivo de lucha y fuga, no podían reconocer a otros monos ni someterse a las reglas de la sociedad chimpancé y por eso los otros los evitaban. Eran asociales.

En artículos posteriores, Jay Belsky (2006 y 2009) estudia algunos de los factores que influyen en la evolución emocional del niño más allá del factor *nonmaternal care*. Señala, como elemento importante, la calidad de los cuidados maternales, cosa que en nuestro medio conocemos desde hace tiempo y cuya importancia espero que haya quedado suficientemente clara en este escrito. En el artículo del 2009 propone estrategias para facilitar que las ayudas económicas que reciben los padres para poder atender a sus hijos les permitan escoger su forma de criarlos. A esta preocupación, aquí, lamentablemente no hemos llegado todavía.

Torras-Lungwitz (2010), profesor de economía de la Universidad Adelphi (EE UU), estudia la «crianza fuera de casa» desde el punto de vista económico. Citando a Baker *et al*

(2008), dice que hoy en día es sabido que la creciente participación de las madres en el mundo laboral tiene como consecuencia que los hijos no evolucionen bien en diversos ámbitos de evaluación. Añade que Ermisch y Francesconi (2001) encontraron que los niños cuyas madres pasaban menos tiempo con ellos durante sus años pre-escolares, más tarde tenían problemas académicos. Dice que los padres suelen sumar los sueldos de los dos adultos que trabajan y descontar lo que cuesta la institución, pero cuando hay dificultades psicológicas en los hijos, debemos tener también en cuenta lo que él llama los «costes encubiertos», es decir, el gasto no visible, no tangible, que implican esos problemas psicológicos. Compara la crianza, que prepara el futuro del hijo, con la economía de la deforestación: dejar de ganar un dinero en el presente para preservar unos bienes para el futuro. En palabras de Pierce (1991) cita:

«Típicamente, los beneficios de la explotación pueden ser calculados rápida y adecuadamente porque conllevan circulación de dinero en efectivo... En cambio, los beneficios de la conservación son una mezcla de dinero en efectivo y beneficios "no mercantiles". Los factores asociados a dinero en efectivo parecen más "reales" que los que no lo están... Las decisiones, probablemente, quedarán sesgadas a favor de la opción de la explotación porque los beneficios de la conservación no pueden ser calculados fácilmente... los beneficios de la conservación serán considerados, automáticamente, como de menor categoría...».

Dice que este razonamiento se puede aplicar a cualquier otro ejemplo que implique medidas tanto cuantitativas como cualitativas, como por ejemplo la Medicina Curativa, que es cuantificable y la Medicina Preventiva, que no lo es. Añade que, como las necesidades emocionales de un niño o el cuidado de los niños por parte de los padres no son cuantificables, parecen tener menos importancia para los gobiernos. Si esto produjera un beneficio económico tangible, pasaría a tener importancia, pero no es el caso.

Termina afirmando que si se reconoce esto, los líderes políticos deberían irse apartando, gradualmente, de indicadores engañosos, tales como el PIB o el análisis de costes-beneficios y enfrentarse al problema del cuidado del niño pequeño de un modo más cualitativo, usando métodos de análisis en los que se tengan en cuenta diferentes criterios y en los que los costes y beneficios en dólares sean sólo uno de los criterios considerados. Dice que debe haber un equilibrio entre los valores del dólar y los millares de efectos no monetarios. Al interrogante «¿Cómo podríamos diseñar una "fórmula" política usando criterios que no son comparables?» responde que el problema está en la pregunta: no se debe aplicar fórmula alguna. Los líderes políticos, concluye, deberían estar menos embelesados por los datos cuantitativos con el fin de recuperar algunas de sus capacidades de juicio y razonamiento.

Pienso que éstas son cuestiones que sería importantísimo que los padres vieran claras: que se dieran cuenta de que, según la crianza que organicen para sus hijos, están cambiando la facilidad en el presente por dificultades en el futuro. La conocida psiquiatra y psicoanalista catalana de niños y adolescentes, la Dra. Julia Corominas, decía que «si los padres se dieran cuenta de que dedicar tiempo a los hijos cuando son pequeños ahorra mucho tiempo más tarde, las cosas irían mejor para ellos». Se refería a lo mismo que dice Sue Gerhardt (2004), cuando, con palabras concretas y duras, compara con «malgastar el dinero en el mantenimiento de una casa mal construida. Podremos aliviar temporalmente problemas persistentes de humedad y aislamiento deficientes, o alteraciones debidas a unos cimientos frágiles, pero la casa continuará con sus problemas estructurales y un alto coste de mantenimiento. Lo mismo puede decirse de los seres humanos cuyos «cimientos» no han sido bien construidos; aunque se lleven a cabo «reparaciones» costosas en etapas posteriores de la vida, queda ya atrás el período en el que podían haberse llevado a cabo cambios esenciales. Para que la prevención sea efectiva hay que llevarla a cabo en el momento adecuado». Gerhardt añade que *los cimientos de la personalidad se establecen durante el embarazo y los dos primeros años de vida.*

Mi experiencia me lleva a estar completamente de acuerdo.

Gerhardt dice que los gobiernos responsables han reconocido la necesidad de ayudar a las familias y han establecido medidas en este sentido. En realidad, esto es lo que ha sucedido en otros países europeos, pero por ahora no en el nuestro. Sería de desear que la afirmación de Gerhardt se hiciera realidad en casa.

Pasaré ahora a considerar los cambios sociales que han conducido a nuestro sistema actual de crianza.

Cambios sociales y formas de crianza

En las últimas décadas nuestra organización social ha cambiado mucho y lógicamente notamos las repercusiones desde nuestro trabajo como profesionales. En su trabajo *Familia y Educación* el sociólogo Lluís Flaquer considera que la base del cambio sería la evolución de la familia, a lo largo de todo este tiempo, desde familia patriarcal, tradicional o clásica, hasta familia post patriarcal, moderna o democrática, con sus corolarios o causas (ya que en realidad se trata de ambas cosas en situación circular).

Los cambios sociales que atañen a nuestra área de interés son:
- La incorporación masiva de la mujer al mercado laboral,
- El aumento notable de las separaciones y divorcios,
- El aumento de familias reconstituidas y de
- Nuevos tipos de familia (monoparentales, homoparentales...).

Estos cambios han conducido a las formas actuales de crianza con la

- Generalización de la guardería.

Estos cambios dependen unos de otros. La cuestión central es las distintas formas como se organizan los padres para conciliar, hasta hoy en día sin ayudas sociales, el cuidado de los hijos y el trabajo.

No cabe duda de que la incorporación de la mujer a la formación y al trabajo, que como decía antes significa a la mayoría de edad y a la autonomía, es un derecho legítimo. Pero es necesario que la atención a las necesidades de la mujer vaya paralela a la atención a las necesidades del hijo. Hemos de organizarlo bien desde los adultos, ya que los bebés no pueden hacer su revolución por su cuenta, como hicieron hace años las mujeres. Lástima que no puedan, ya que en esa forma llegaríamos a saber, todos, mucho más acerca de ellos, de lo que necesitan, de lo que piden, en definitiva, de sus reivindicaciones. Eso nos permitiría llegar a una verdadera «conciliación» entre trabajo y crianza. Pero como no pueden, llegamos a pasar por alto lo que necesitan.

A menudo nos encontramos con padres y madres que trabajan muchas horas, muy absorbidos por la cuestión laboral y que en consecuencia no tienen tiempo para estar con sus hijos. Con frecuencia, en la tarea de recoger los niños en la escuela o en centros educativos intervienen «canguros» que se ocupan de llevarlos a casa o, nada excepcionalmente, también a sus actividades extraescolares y de quedarse con ellos hasta que llegan los padres. Eso si hay suerte, pero es habitual que ni eso: los niños se quedan en casa solos. Encima a veces, el tipo de tarea de los padres condiciona que se lleven trabajo y preocupaciones a casa. Entonces, suelen estar tan cansados que todo los irrita y no tienen humor para jugar con sus hijos. Como es de imaginar, en estas familias no suele haber conversación entre los adultos, en el sentido de compartir intereses, puntos de vista, proyectos, preocupaciones y especialmente todo aquello que se refiere a los hijos. En estas condiciones que describo los padres no pueden llegar a conocer bien a sus hijos.

En algunos grupos sociales incide también la poca participación de la familia extensa, especialmente de los abuelos. En otros grupos, en cambio, hay muchos abuelos haciendo funciones parentales muchas horas cada día. A veces, recaen completamente en ellos las funciones de los padres cuando sus hijos están ausentes del todo, en general por razones graves (cárcel, enfermedad mental, sida, muerte, etc.).

En cuanto a los divorcios, muchos tienen que ver con la evolución de la familia de patriarcal a post-patriarcal o democrática, cuando los miembros de la pareja no han podido asumir los reajustes necesarios. Otras veces las separaciones son debidas a que la pareja está formada por personas a las que, en su infancia, no se les ofrecieron vínculos estables y que, por tanto, ellos tampoco son capaces de establecerlos ahora, en la edad adulta. Entonces, la incapacidad para el apego se transmite a los hijos, que más tarde también lo transmitirán transgeneracionalmente.

A este conjunto se añade el consecuente aumento de las familias reconstituidas, de las «nuevas familias» (monoparentales, homoparentales, etc.). Si bien la reconstitución de la familia aporta una esperanza, el problema se extiende cuando la reconstitución es inestable y se suceden cambios rápidos sin tiempo para integrarlos. Según como sea la evolución de la familia, no es excepcional que se desemboque en lo que llamamos familia desestructurada. Sabemos la dificultad que estos medios familiares representan para los hijos. También aquí, un problema importante es la inestabilidad de los vínculos familiares y la ausencia de apego.

Por una razón u otra y de un modo o de otro, todo esto produce un protagonismo preocupante de las instituciones cuidadoras, ya que hay muchos niños que están un exceso de horas en la guardería: no es excepcional que sean ocho o diez horas diarias, a veces incluso más, lo que abarca todas las horas de vigilia. A este tipo de cuidados se suman muchos y variados canguros, niños solos en casa, etc.

Uno de los cambios sociales importantes por su influencia sobre el hijo, además, es la desvalorización que a lo largo de los años ha sufrido la función de los padres y en consecuencia ellos mismos.

Padres desvalorizados

Los cambios sociales nombrados, sobre todo la progresiva incorporación de la mujer al trabajo sin las ayudas sociales necesarias para que las necesidades tanto de ella como de sus hijos estuvieran atendidas, trajeron la tendencia cada vez mayor a criar los hijos fuera de casa. Dentro de la década de los setenta se produjeron movimientos políticos que, con toda justicia, reclamaban mejoras en los derechos laborales, familiares y académicos de la mujer. Pero sucedió que en esos movimientos se mezclaron iniciativas de distintos órdenes y, entre ellas, la presión hacia la generalización de la guardería, que, desde una fuerte carga de idealización, se calificó como *mejor* sistema de crianza. Como si la guardería fuese lo que necesitaban los bebés.

Esto fue llevando a una progresiva pérdida de la posición de los padres en relación a la crianza. Como decía antes, hace años, ellos conocían bien la importancia de sus funciones de crianza y de educación en relación a sus hijos, pero parece que más tarde, generaciones posteriores de padres han ido creyendo, equivocadamente, que sus hijos necesitan técnicos y que su papel es secundario. Hoy en día muchos padres han dimitido completamente de su rol, han creído la propaganda que dice que hay otras personas que pueden realizar su papel mejor que ellos, se han autodesvalorizado y se han colocado en el lugar de cuidadores de segunda clase. En lugar de valorar su intuición y su instinto, dejan pasar delante «la técnica», quiere decir, los estudios de los profesionales de las instituciones.

Si el bebé permanece muchas horas en la guardería, les quedarán pocas para conservar suficiente contacto y conocimiento mutuo con los padres. Como consecuencia de este escaso contacto, los padres a menudo conocen poco a sus hijos. Los grandes acontecimientos, como iniciar la marcha, los primeros bisílabos y palabras, sacar pañales y enseñar el control de esfínteres, suceden en la guardería, por lo que la madre, y por supuesto el padre, no suelen conocer bien los datos de evolución psicomotora, lo que nos muestra que no tienen su hijo bien perfilado en su cabeza. Así, cuando en la consulta del pediatra o del psicólogo se les preguntan los datos de evolución, a menudo deben consultar en la guardería. La relación con los padres se diluye y, como dice Rygaard (2008), el sistema de apego se desactiva. Como consecuencia, no es excepcional que las madres se sientan inseguras en relación a lo que deben hacer con sus hijos; no es infrecuente que esto también tengan que consultarlo en la guardería. La madre corre el riesgo de perder sensibilidad y empatía hacia las necesidades del niño, y confianza en su habilidad para interpretar las señales del bebé y en su capacidad de tomar decisiones en relación a su cuidado. Más tarde veremos una carta en que una profesional de guardería se pregunta sobre todo esto.

Esta dimisión de los padres de su función, esta aceptación de que la suya es una posición secundaria, es grave. Para los hijos es importante tener padres que conozcan su función, que les conozcan bien, que sepan lo que los hijos necesitan, que se atrevan a tomar las decisiones, en lugar de padres desvalorizados, secundarios, que creen que deben consultar en la guardería todo lo concerniente a sus hijos. ¿Cómo podrían los padres auto-desvalorizados, inseguros, que dimiten de su rol, tener una autoridad estructurante y necesaria hacia sus hijos? ¿Cómo podrían ejercer esa autoridad estructurante que los hijos necesitan —y que en el fondo agradecen– que permite poner los límites correctos que empujan la evolución, la maduración, para que les ayude a encaminar sus pasos en tantos aspectos de su vida? Esa autoridad real, que no hay que confundir con autoritarismo, marca los verdaderos «límites» de los que tanto se habla y que tantas veces se confunden.

Entre las respuestas

A continuación transcribiré varias notas aparecidas en Internet, respuestas a la entrevista en *La Vanguardia*, donde poníamos sobre la mesa la cuestión de la crianza. De las notas aparecidas en *blogs* y webs, cartas, *mails*, aproximadamente un 83 por ciento expresaron su acuerdo y un 17% su desacuerdo con lo que decía «La Contra». Menos la primera que transcribo, las cartas que he seleccionado están en la línea de lo que sostengo en este escrito. Se trata de posiciones actuales de los padres y expresan distintos matices a veces sostenidos con mucha contundencia. Me parece válido que el lector pueda conocer estas distintas opiniones en directo, en sus palabras originales. Todas las que siguen son cartas de padres que llevan a cabo la crianza en casa. Se recibieron también ocho cartas de profesionales de guardería, cuatro de ellas expresando su lógico desacuerdo. Las otras cuatro expresaban que, aunque trabajaban en guardería, estaban de acuerdo con lo que decía en «La Contra». Transcribiré dos de ellas como muestra. De todos modos, soy consciente de que se trata de una selección que depende de las personas que han decidido contestar y de las cartas que he escogido.

Empezaré transcribiendo la nota de A., que representa bien la idealización de la guardería y de las capacidades educativas de los profesionales que trabajan en ellas, que aquí se califican de *infinitamente* superiores. Asimismo A. da una imagen desvalorizada de los padres.

La nota de A. apareció en www.elblogalternativo.com, y dice así:

> Quiero recordarles que los centros de educación infantil y no guarderías como anteriormente bien se ha remarcado, poseen entre sus trabajadores, profesionales con una larga experiencia en EDUCACIÓN y no sólo en cuidados, que también, y que, en ambos casos es infinitamente superior a la de los padres y madres.

Puede apreciarse la contundente desvalorización que hace A. de las capacidades de los padres, junto con la idealización de la guardería y de lo que pueden ofrecer sus profesionales. Es evidente que en condiciones normales ninguna experiencia es superior a la de los padres para criar a sus propios hijos y menos aún «infinitamente». Esta nota da idea de que en muchos sentidos la presión pro-guardería, que fue muy marcada hacia el final de los años setenta y durante los ochenta, en realidad continúa. En ese tiempo, poner en duda si este sistema de crianza era o no era la mejor opción para los niños estaba absolutamente mal visto, podría decirse que era «políticamente incorrecto», un tabú pesaba sobre esta cuestión.

Por supuesto no se podía tampoco matizar: por ejemplo, plantear la cuestión del número máximo de horas que era prudente que los niños asistieran sin perjuicios para su evolución, la edad de inicio de la asistencia o cualquier otra cosa. En aquel momento parecía que si se quería una sociedad justa, la igualdad de géneros y las mejoras sociales necesarias, se tenía que defender la asistencia de los bebés y niños muy pequeños a la guardería, sin restricciones de tiempo ni de entusiasmo para apoyarlo. Parecía que todo iba en el mismo paquete. Cualquier otra posición era tildada de *carca,* errónea, como si se estuviera empujando hacia atrás para hacer retroceder a las situaciones injustas anteriores. Las posiciones ideológicas estaban netamente establecidas. Esto significaba una introducción de las guarderías a presión.

Por aquel entonces, en la Academia de Medicina de Barcelona, el Dr. Pere Calafell, pediatra muy reconocido, fue invitado a organizar una mesa redonda de gran actualidad: sobre las guarderías. Muchos de los que asistimos creíamos que íbamos a escuchar un estudio, una reflexión sobre la función de la guardería en el desarrollo infantil o en la evolución social, y por ejemplo sus pros y sus contras o las condiciones necesarias…

Pero nada de esto sucedió. Desde el comienzo, el partido estaba tomado, el ambiente estaba muy politizado y muy pronto, a pesar de la posición abierta del Dr. Calafell y ante su sorpresa, ya se palpaban las conclusiones. Aquello acabó siendo una propaganda, una idealización y una imposición acrítica de lo que se presentaba como ventajas de la guardería.

Después de la primera parte, en que se expuso las funciones de los profesionales de la guardería, las actividades a hacer, ventajas y proyectos, comenzó el coloquio. En algún momento, la Dra. Julia Corominas pidió la palabra y comenzó diciendo que «la guardería no es una necesidad del niño, sino una necesidad de los padres o una necesidad social». Quizá no estuvo completamente acertada al decir, a continuación, que en realidad la guardería «es un mal menor»… En este punto, desde todas partes de la sala, la interrumpieron abucheándola y la hicieron callar. Ella, que es persona tranquila y sin ganas de este tipo de enfrentamientos, prudentemente calló. Una persona de la mesa le preguntó con retintín cuál era el bien mayor… pero aquí acabó esta línea del coloquio.

Continuaron las intervenciones, todas en la línea de subrayar las ventajas. Al cabo de un rato, una mujer, desde el fondo de la sala, intervino para pedir que, por favor, «dejaran hablar a aquella señora que había hablado antes» y añadió: «Porque a lo mejor yo hago de tripas corazón para dejar a mi hijo en la guardería creyendo que es lo mejor para él y resulta que no es eso lo que le conviene». Ante una intervención tan sensata se produjo el silencio, que cedió la palabra a Julia Corominas. Ella comenzó a explicar la idea que se había quedado en el tintero. Pero no hubo caso, no le dejaron exponerla entera. Fue aquello de matar al mensajero, como dice Belsky en su artículo del 2009. Esta anécdota no tendría mucha importancia si no fuera que es de actualidad, que con matices distintos sigue vigente, ya que aun ahora sigue dándose una presión parecida. Creo que lo que la Dra. Corominas quería decir al hablar de «mal menor» está explicado en este libro.

Dos de las cartas aportarán una situación similar. Las madres que las han escrito sugieren que se las trata como si criar los hijos ellas mismas no fuese una elección, algo que conscientemente deciden, sino como si tuvieran algún problema neurótico que les impidiera hacer lo razonable: como si fuesen muy ansiosas, temerosas u obsesivas. La carta que he transcrito antes es una muestra de esto. Esta presión a veces la ejercen los profesionales de estas instituciones, como sería el caso de A., pero la suelen ejercer también otras madres cuyos hijos asisten a la institución. Y es lógico, ya que la decisión de hacer cuidar los hijos fuera de casa despierta siempre muchos sentimientos y dudas, a veces contradictorios, incluso sentimientos de culpa que hay que acallar. Entonces, se crea la necesidad defensiva de que todo el mundo lleve los hijos a la guardería: «Si todos hacemos lo mismo es que es *lo que hay que hacer*». En cambio, la persona que escoge otro camino introduce un cuestionamiento, crea una duda, deja inquieto.

A continuación transcribo una carta aparecida en www.asociacionsina.org (asociación de apoyo a la lactancia materna y crianza consciente en Valencia) que ilustra lo dicho antes. Esta nota, cuya autora se presenta como C., madre, dice así:

Vaya, ahora resulta que después de haber dejado el trabajo para dedicarme a cuidar a mis hijos, atender mi casa, procurar que todo y todos estuviéramos en armonía, hacer de «mamá» y procurar la felicidad de los míos a cambio de mi tiempo, de mi prestigio profesional, de mi saneada economía... ahora ya no soy «una maruja». Ahora se considera de cierta importancia el tener a los niños en casa y no llevarlos a la guardería «para que se socialicen»...

Menos mal que alguien se ha atrevido a escribirlo, porque de lo contrario, la generación de mujeres que hicieron lo mismo que yo POR CONVENCIMIENTO PROPIO, hubiéramos quedado invisibles para la historia.

Enhorabuena por este artículo de la Dra. Eulàlia Torras.

La carta, sobre un fondo de seriedad importante, expresa ironía cuando habla de que «se considera de cierta importancia» y «para que se socialicen». Esta madre nos explica todas las renuncias que por convencimiento propio ha hecho por su familia y sus hijos, y el trato despreciativo de «maruja» que le han dado.

Transcribiré otras dos cartas a modo de ejemplos en la misma línea, ambas aparecidas en www.elblogalternativo. com, cuyas autoras sugieren también la forma como se han sentido tratadas por el hecho de querer cuidar personalmente a sus hijos. La primera, positivamente contundente, es de M. del M., que se presenta como madre y socióloga holística. Dice así:

Madres a la oficina y bebés a la guardería a las 16 semanas de vida. Una separación muy temprana, que no haría ningún mamífero en libertad ni ninguna cultura tradicional en el planeta, es la pauta de crianza oficial que tienen interiorizadas la mayoría de familias modernas y que justifican muchos profesionales.

El Sistema está encantado porque tiene a los padres produciendo, con *horarios irracionales y absurdos* en España, y a los bebés les roba los cuidados elementales que necesitan de presencia física, *el alimento propio de su especie* y el amor constante de su madre o un adulto mínimo, y los va moldeando a conveniencia.

Muchas mujeres embarazadas se preocupan solamente por la elección de la clínica, la decoración de la habitación infantil y coger plaza en una buena guardería porque, desde el desconocimiento de las verdaderas necesidades del bebé humano, inconsciencia y condicionadas por una sociedad en la que «*las mujeres son visibles y las madres invisibles*», creen que parir es un PARÉNTESIS EN LA AGENDA y que en breve se reanuda su vida «normal» como «si nada hubiera pasado».

Pero sí ha pasado y esta nueva persona en nuestra familia se merece y necesita mucho más de lo que se le está dando actualmente.

Las voces contrarias a esta corriente de separación padres-bebés son políticamente incorrectas y han sido tachadas de antifeministas, carcas e incluso sobreprotectoras, pero cada vez hay más evidencias neurológicas, psicológicas y el puro instinto y sentido común que denuncian una crianza anti-mamífera.

Una de ellas es Eulàlia Torras de Beà, médica, psiquiatra infantil y psicoanalista, presidenta de la *Fundació Eulàlia To-*

rras de Beà, gestora de varios centros de salud mental infantil y juvenil, y una de las firmantes del manifiesto «Más tiempo con los hijos».

Ella se reprocha a sí misma «haber callado demasiados años» y en esta entrevista de «La Contra» de *La Vanguardia* del 23 de noviembre de 2009 argumenta a favor de la crianza con apego, explica la NO NECESIDAD y posibles efectos de la guardería TEMPRANA, *que ni siquiera existe en otros países desarrollados*, y aporta soluciones.

Y no se trata ahora ni de culpabilizarnos porque mandamos a nuestros bebés diez horas a la guardería, porque es lo que considerábamos mejor o lo que podíamos, ni de auto-justificarnos con que están muy estimulados y equilibrados, sino de escuchar otras voces con argumentos serios, comprobar qué necesitan verdaderamente los bebés, ser conscientes de que existen opciones MEJORES (posponer la entrada en la guardería, reducir las horas, buscar un buen cuidador, *cambiar nuestro ritmo y estilo de vida*, excedencias-medias jornadas laborales-trabajar desde casa, etc.) y luchar por ellas: por nuestros próximos hijos, por nuestros nietos o por los niños de una *sociedad más sana*.

Esta madre expresa su criterio etológico acerca de las funciones parentales, y el daño que representa nuestro sistema actual, que acepta e incluso recomienda una separación precoz y la interrupción de la lactancia. Cita razones importantes por las que esto se acepta: desconocimiento o inconsciencia. Me parece muy válido denunciarlo, ya que ésta es una asignatura pendiente que tenemos todos: ayudar a que se conozcan a fondo las necesidades del bebé humano. Termina apoyando, fuera de la culpabilización y del autoengaño, la apertura y la reflexión para replantearse el propio camino y conseguir uno mejor para las siguientes generaciones. Es lo que todos queremos hacer.

La segunda carta es de N. y dice así:

Me encanta la entrevista y estoy totalmente de acuerdo con ella.

Hace poco me tocó la revisión de los cuatro años y como mi hija no va a la escuela, pues parece que ya no puede aprender nada. Parece ser que o hay «expertos» por el medio o los padres somos unos inútiles. Uno de los comentarios que me hizo la enfermera fue: «Pinta, así me has dicho que va a clase de pintura»... ¡Como si en casa no se pudiera pintar! Vale ya de atacar a los que hemos decidido dedicar más tiempo a los hijos en su edad temprana, que es cuando más lo necesitan. Por cierto, las profesionales de la educación infantil que a mi parecer son más coherentes reconocen que con tantos niños no pueden atender sus necesidades como deberían.

Esta madre se manifiesta herida por la posición desvalorizada, secundaria, en que se ha colocado a veces a los padres, en contraste con los profesionales de guardería que parecería que son los que saben cuidar bien de los niños.

Transcribo una tercera carta, la de C., hallada en el *blog* del programa *Singulars* del Canal 33, www.blogs.ccrtvi.com/ensingular. C. expresa su convencimiento acerca de la importancia de los cuidados parentales y acerca de la fuerza del empeño, que permite conseguir recursos para organizar una conciliación real mientras las circunstancias no cambian. Ella no se identifica con la posición desvalorizada y débil que asumen algunos padres, sino con la posición fuerte de los padres que conocen la importancia de su función. Dice así:

> Los dos primeros años dedicados a los hijos no son nada para un adulto y lo son todo para un recién nacido.
>
> Si pensáramos en estrategias para hacer esto posible, seguro que las tendríamos: hacer turnos para poder cuidar a los hijos, aunque con la pareja nos viéramos un ratito por día, pedir una reducción de jornada (por el precio que cuestan algunas guarderías), más implicación de la Administración… Nuestras demandas han de ser concretas. Hemos de pensar que lo que no reivindicamos nosotros, lo pagan los más débiles, nuestros hijos.
>
> No olvidemos que la Dra. Torras habla desde el conocimiento del problema, los niños con trastornos psiquiátricos. No ha de ser ella quien dé las soluciones.

Como puede verse, C. habla de manera decidida y decisiva, y creo que estaremos de acuerdo con ella en muchos puntos. No hay duda de que el camino en que nos deberíamos empeñar todos es el de reclamar ayudas de los poderes públicos para poder organizar una conciliación real y poder cuidar nosotros mismos de nuestros hijos.

Con este escrito trato de ofrecer algo de mi experiencia para contribuir a lograr una conciliación real en el cuidado de los hijos. Pero, aun siendo muy importante el logro de esta conciliación, todavía lo es más que los padres recuperen claramente el conocimiento de su importancia en este cuidado. Que recuerden la importancia central de su función en la crianza de sus hijos, que no les quede duda de que ellos tienen el papel principal. Éste es uno de los cambios culturales que tenemos pendiente. Este texto está dedicado a aquellos padres que se están planteando cómo y dónde criar a sus hijos, a aquellos otros que en el futuro deberán tomar también esa decisión y, por qué no, a aquellos que han iniciado su camino de crianza en la guardería, pero que deseen reflexionar acerca de la forma como la están utilizando, el número de horas que sus hijos asisten a ella y la edad a la que han empezado. Es esencial también la forma como se organizan los padres para cultivar y disfrutar de su relación con su hijo durante las horas de que disponen para compartir con él y tantos otros detalles relacionados con la relación con el hijo.[18] Más aún, creo que tener claro los elementos esenciales de la crianza puede ayudar también a reflexionar a los padres que están criando sus hijos en casa. No podemos creer que, por muy abundantes que sean los padres intuitivos implicados que comparten actividades con sus hijos de forma sensible y válida, todos los padres tengan estas capacidades. Es posible que haya niños que estén en casa pero mirando cómo se mueve la ropa tendida o, desde pequeños, delante del tele-

---

18. Otro objetivo es el que nos proponemos un grupo de profesionales bajo el lema «Más tiempo con los hijos». El *blog* correspondiente es www.mastiempoconloshijos.blogspot.com.

visor durante horas, o cuando son algo mayores dedicados solamente a «la Play» o a los juegos de Internet. Evidentemente, ésta no es la crianza deseable para ellos. Es posible que algo de todo esto que estoy explicando, si lo leen, pueda servirles para reflexionar sobre la prestación personal que dedican a sus hijos.

En cuanto a la edad de comenzar a asistir a la guardería, mi experiencia me lleva a pensar que una edad adecuada es aproximadamente los dos años y medio o los tres, cuando el niño comprende ya el lenguaje y es capaz de explicarse y de dar a entender a la maestra y a la madre lo que le sucede. Esta edad coincide con otro parámetro: la casa se le está ya quedando pequeña; ahora disfruta de actividades fuera de casa, busca relación con niños y está preparado para integrarse en juegos de su nivel. Ahora sí que es el momento de ayudarlo a socializarse. De esta forma, la escuela será para él un lugar atractivo, en lugar de que corra el riesgo, según cómo se hagan las cosas, de que la escuela le resulte una pesadilla para siempre.

Sin embargo, hay niños que por necesidades familiares o por la razón que sea, a los dos años asisten ya tres horas diarias a la guardería. Si hacemos caso de Belsky (y de otros investigadores), que dice que todo lo que sea más de diez horas semanales al final del primer año es preocupante, podemos pensar que tres horas por día a dos años es un régimen tranquilizador que permitirá al niño comenzar sus primeras experiencias de forma segura.

Para terminar este apartado solamente decir que, en alguna ocasión, conversando sobre la crianza y mencionando la importancia de la relación entre el bebé y la madre, me han preguntado si creo que la madre debería estar con su bebé siempre. Por supuesto que por mi parte no recomendaría intentar algo parecido. La madre puede atender sensible y cuidadosamente las necesidades de su bebé, pero ella también tiene sus propias necesidades. En los primeros meses del bebé, cuando madre e hijo «se están conociendo», la lactancia se está regularizando y la madre está descubriendo las características de su hijo, sobre todo si el que acaba de tener es el primero y, por tanto, pesa la lógica inexperiencia, ella está atrapada por la enorme dependencia de éste, que le ocupa completamente su mente además de gran parte de su tiempo. Puede sentirse agobiada por la situación. Por supuesto no es lo mismo si se trata de un segundo o tercer hijo, donde la experiencia anterior ayuda a tomar todas las situaciones en relación al bebé con una calma diferente. De todos modos, ella puede sentirse a ratos demasiado atrapada, algo sobrecargada y añorada de áreas de su vida que en este momento no puede disfrutar como antaño: salidas con amigos, su trabajo, etc. Por supuesto, puede estar allí un padre sensible que ayude a llevarlo mejor. La madre poco a poco encontrará la normalidad, pero la crianza no puede ser cosa de una persona sola. Es mejor que la realice un grupo reducido de personas, que pueden ser los padres y alguien más, que conozcan bien al bebé, lo quieran y estén muy bien coordinadas a la hora de atenderle.

Bebés y niños en la guardería

Daher, Taborda y Díaz (2010), en su estudio «Resultados preliminares sobre la experiencia emocional en bebés frente a la separación de sus madres por retorno laboral», presentan la observación de un bebé de alrededor de tres meses que asiste a la guardería durante más de seis horas diarias.

Describen un bebé que busca proximidad con las educadoras pero ellas, según las autoras debido al exceso de trabajo y también a la necesidad de establecer defensas emocionales, dan respuestas muy limitadas a las demandas del bebé. De hecho no hay momentos de juego y, cuando lo cambian, en general lo hacen manipulando el cuerpo, pero estableciendo muy poco contacto visual y comunicación verbal con él. Como consecuencia de esta carencia de respuesta, el bebé poco a poco disminuye la búsqueda de contacto con las educadoras y recurre a chuparse el dedo y a frotarse los pies para calmar los estados de tensión. Describen al bebé moviéndose entre un estado de alerta constante y un sueño profundo, los cuales le permitirían lidiar con el exceso de estímulos –no integrables– en el ambiente. Según las autoras podría ser un indicio temprano de desarrollo de un apego ansioso-ambivalente según lo describía Bowlby (1969): «El infante pierde la confianza en la disponibilidad del cuidador y presenta un claro desinterés en el posterior reencuentro».

Volviendo a la cuestión de las defensas mencionadas antes, las autoras creen que las educadoras necesitaban protegerse de una vinculación emocional con los niños, dado que estaban siempre expuestas a que los niños dejaran de asistir al jardín maternal. Este trabajo refleja el ambiente físico y emocional cotidiano en muchas guarderías. De hecho es algo que explican los mismos profesionales que trabajan en estas instituciones: el exceso de trabajo que no les permite, a menudo, atender de forma personalizada a los bebés y a los niños es una de sus preocupaciones y crea malestar. Estos hechos empujan a los profesionales a desarrollar sistemas defensivos, lo cual influye negativamente, como es lógico, en la relación con los niños. De todos modos, esto no es exclusivo de esta profesión, se da seguramente en todas aquellas en las que el profesional tiene que aguantar estrés y ansiedad.

Como dice Rygaard, en la guardería, como en general en las instituciones, el modelo es hospitalario: todas las tareas están programadas y, por tanto, «ahora toca sentarse en el orinal, ahora cambiar los pañales, ahora dar biberones…», justo lo opuesto de lo que necesita el niño para progresar en la construcción de su propia identidad diferenciada, en la vivencia de «ahora tengo hambre», «ahora tengo pipí», «éste soy yo».

En cuanto a los vínculos, en la institución se dan, lógicamente, muchos cambios imprevistos de cuidador. El contacto entre el niño y el cuidador e, incluso, entre los niños es escaso, a pesar de que sabemos la enorme importancia del contacto físico, del movimiento, del balanceo, como forma de acompañar al niño, de tranquilizarlo, y como estímulo del desarrollo del cerebro. Por todo lo dicho queda claro que es imposible evitar un cierto grado de «institucionalización».

La Dra. Purificación Sierra[19] habla de la «soledad afectiva y emocional de la guardería».

Trauma del bebé, trauma de la madre

Para los bebés pequeños menores de un año la separación es traumática, ya que no tienen noción de objeto permanente y, por tanto, no ver a la madre por muchas horas significa que ha desaparecido completamente. No ha incorporado aún la idea de que cuando no ve a la madre es que ella está en otro lado y volverá. Es lógico, puesto que para el bebé todavía no existe ese «otro lado». Además, todavía no hablan, no comprenden lo que está pasando ni se les puede explicar. La separación hace perder los puntos de referencia que estaban adquiridos a medias, en vías de integración, el niño se desorganiza.

Habitualmente, para la madre separarse de su hijo para dejarlo en la guardería por muchas horas es también una situación traumática. Es frecuente que las madres recuerden cómo se sintieron el primer día que lo llevaron, lo duro que se les hizo. Hay madres que explican que lloraron los primeros días de llevar el bebé a la guardería. Muchas madres expresan también la evolución de sus sentimientos a medida que pasaba el tiempo. Algunas describen la creciente

19. Profesora de Psicología Evolutiva de la UNED (Universidad Nacional de Educación a Distancia).

ambivalencia y los sentimientos de enfriamiento y desapego que, defensivamente, fueron viviendo. Este estado emocional a menudo se vive con sentimientos de culpa. Ante esta distanciación de la madre, el bebé organiza también sus propias defensas: regula su distancia, se desinteresa y por tanto su vínculo con los padres se resiente. Esta pérdida del vínculo inicial, del apego, puede ser que ya no se vuelva a recuperar. Otras madres niegan cualquier reacción, con lo que el traumatismo queda disociado y negado, y se suma la pérdida defensiva de las emociones. Como dice Rygaard, el sistema de apego se desactiva.

Los profesionales opinan

Los pediatras y puericultores que revisan periódicamente niños que asisten a la guardería están acostumbrados a observar que, cuando el niño ingresa en ella se produce un cierto retraso o estancamiento en su evolución psicomotora.

Otra novedad al iniciar la guardería son las enfermedades: el niño «lo pilla todo»; es una consecuencia de que está deprimido y, por tanto, bajo de defensas y con facilidad para el contagio.

La Dra Núria Beà, pediatra, en el artículo «Acudir enfermo a clase», publicado en *La Vanguardia* («Medicina y calidad de vida», 14 de febrero de 1992) se refería a este último punto. Lo expongo por la actualidad de este escrito. Dice así:

Los padres mandan sus hijos al colegio, parvulario o guardería –el centro depende de la edad del niño– según sus necesidades y preferencias. En el momento de hacerlo, la familia
y generalmente en especial la madre, reajustan sus horarios.
Puede ser también que ésta desee reincorporarse de pleno a su
actividad laboral, si la redujo o dejó en suspenso para ocuparse del niño. Ante sus proyectos, de todos modos le conviene
recordar que durante el primer y a veces incluso el segundo
curso de asistencia a la guardería la mayoría de niños enferman con frecuencia. De hecho, este fenómeno, que ha sido
descrito con el nombre de «Síndrome de la guardería», consiste en que los niños sufren algún proceso infeccioso al menos
una vez al mes; suele tratarse de enfermedades menores (res-
friados, gripes, gastroenteritis…), pero el niño necesita estar
en su casa para recuperarse, por lo que la asistencia al centro
escolar no puede ser continuada.

Estos procesos infecciosos se deben principalmente a dos
factores:

En primer lugar, el contacto con otros niños en el aula
favorece la propagación de las infecciones entre aquellos que
habían tenido aún poco contacto con gérmenes. Como es sabido, la respuesta del organismo a los microbios, el aumento
de los anticuerpos (las llamadas «defensas» en el lenguaje común), viene condicionada por el contacto mesurado con los
diversos agentes infecciosos. Así se desarrolla la inmunidad
a aquel germen, en algunos casos permanente. Es por tanto
fácil entender que los niños de corta edad tienen todavía un
sistema defensivo poco desarrollado.

Es la primera vez que el niño hace frente a la separación del
núcleo familiar y tiene que aguantar horas en un ambiente al

principio desconocido, cargado de estímulos y que no puede ofrecerle una relación específica de soporte como el ambiente familiar. Este cambio se acompaña de ansiedad y malestar, y representa un sobre-esfuerzo importante. A cualquier edad de la vida un esfuerzo de esta índole pone el organismo en peores condiciones, bajo de defensas, para luchar contra los factores externos. Todos tenemos la experiencia de estar «flojos» y propensos a enfermar ante situaciones de estrés y/o depresión. Al enfermar, además, el nivel defensivo baja, con lo que se inicia una espiral contraproducente.

Es importante también tener en cuenta que, cuanto menor es el niño, más generalizado es el cuadro que cualquier trastorno provoca. Por ejemplo, lo que a cinco o seis años es un dolor de oídos, por muy inconveniente que sea, para un lactante pequeño puede convertirse en una enfermedad seria, con complicaciones que comprometan todo el organismo e incluso la vida, y requieran medidas mayores, incluso tratamiento hospitalario.

Dentro de la práctica pediátrica es frecuente ver niños que comienzan la guardería muy precozmente, enferman con frecuencia, se desmejoran e, incluso, retroceden en su evolución psicomotriz. Si ya andan y comienzan a hablar pueden incluso dejar de hacerlo. En estas circunstancias la incorporación al centro debe posponerse.

En una edad posterior y en otro momento evolutivo, el contacto con los mismos agentes infecciosos puede no afectar a la salud del niño o en todo caso provocarle trastornos mucho menores.

Cabría, pues, preguntarse cuál es la edad adecuada para que el niño inicie su actividad social y escolar. Es también muy importante estar atento al número de horas que cada niño puede soportar fuera de casa sin que represente para él un esfuerzo excesivo. Las respuestas deben tener en cuenta las necesidades del niño dentro de cada familia. En ciertos medios se realiza una adaptación progresiva: los primeros días el niño asiste al centro en compañía de su madre para familiarizarse con el aula, la maestra, los compañeros... Luego asiste sólo por un tiempo corto, que se va alargando a medida que el niño va dando muestras de estar tranquilo y orientado. Este sistema facilita que esté en las mejores condiciones posibles para aceptar la separación del medio familiar. Permite, además, que la primera relación con un medio tan importante como el escolar sea suficientemente satisfactoria para el niño, y que pueda entrar en él «con buen pie». Claro que ni este método, válido a partir de cierta edad, puede servir a los demasiado pequeños.

Pueden observar que esta pediatra tiene en cuenta tanto la vertiente biológica de las enfermedades como el factor emocional, factor que siempre interviene cuando enfermamos. Tiene en cuenta también la edad del niño y la cantidad de horas que asiste. La importancia de estos parámetros la hemos visto antes. Nuestro estado emocional, el estado de nuestras defensas, nuestra tendencia depresiva a veces, siempre condicionan la facilidad que tenemos para enfermar o la resistencia que conservamos ante las enfermedades.

Cuando se comenta que en los primeros tiempos que el bebé va a la guardería «lo pilla todo» debido a que el niñito está deprimido porque ha sufrido la separación de su madre y le bajan las defensas, muchas caras son de incredulidad. ¿Quiere decir? ¿Los niños se deprimen? No se quiere creer que los niños se deprimen. No lo podríamos negar con tanta facilidad y seguir lo mismo que siempre. Lo facilita el hecho de que la depresión se presenta como enfermedad viral. Este estado depresivo que desmejora al niño, también lo hace retroceder en capacidades que estaba desarrollando. Así, vemos niñitos que comienzan la guardería en el tiempo en que están aprendiendo a caminar y hablar, y notamos cómo se retrasa su evolución. Alguno que, por ejemplo, a quince meses ya caminaba bien, su equilibrio retrocede y vuelve a caminar inseguro, con las piernas más separadas, aumentando su base de sustentación. Un niño que caminaba bien y deja de hacerlo, puede negarse, como si tuviera miedo, pide que se le lleve en brazos, está ansioso y regresivo. Otro que ya comenzaba a hablar, se estanca y no progresa el número de palabras que dice, o incluso retrocede, pierde palabras. Si el niño controlaba esfínteres puede volver a mojar la cama o a mojarse en la ropa, al menos durante un tiempo. Esto nos indica que, ante el trauma de la separación, el niñito pierde los puntos de referencia conocidos, que son los apoyos que él tenía hasta este momento, y por tanto se desorganiza. Más tarde, si las cosas mejoran y el niño encaja el trauma de la separación, puede volver a avanzar y continuar su evolución psicomotora más o menos normalmente. Pero si el niño se estanca en este duelo de haber perdido su relación de apego, el estancamiento y la reacción regresiva puede continuar por más tiempo. El niño puede continuar con dificultades en su evolución y son especialmente preocupantes las que tienen que ver con la maduración de las funciones mentales por su repercusión sobre el aprendizaje escolar. Es difícil saber qué curso seguirá cada niño. Básicamente es muy importante la pérdida del diálogo con la madre.

En un estudio sobre las enfermedades en la guardería, leemos que la frecuencia de infecciones según la edad puede llegar a ser un episodio a la semana en los niños de un año, cada dos semanas en niños entre uno y dos años, y cada tres semanas en los niños cuya edad se sitúa entre los dos y los tres años. Encuentran también que entre los tres meses y los tres años es el período de tiempo en el cual existe una mayor susceptibilidad a las infecciones. En el estudio no queda claro si la susceptibilidad en este período de tiempo depende de que el niño asista a guardería o si han hallado que los niños que se quedan en casa también enferman mucho en estas edades. Creemos que el niño que «lo pilla todo» debería ser protegido, se deberían tomar medidas para evitarle continuar en esta situación de continua enfermedad que es una condición de riesgo. Estas situaciones biológicas y depresivas por las que el niño atraviesa no son inocuas, dejan huella. No es excepcional que los padres pregunten si les quedarán secuelas. Nuestra respuesta es: «Sí, pueden quedar secuelas, especialmente en su personalidad y su carácter: carácter inseguro, mayor tendencia depresiva, fragilidad personal». Las madres suelen incluso decir que en los primeros tiempos el niño asistió muy poco a la guardería porque estaba siempre enfermo.

A fuerza de que sea habitual que el niño enferme mucho, se acaba aceptando como si fuese normal y lógico, «hay virus», y en cambio no es normal. Se dice también que es igual pasarlo antes que después: «Así ya estará inmunizado», etc. Pero no es cierto. No es igual la forma como el niño vive las experiencias a una edad o a otra. Cuando el niño no habla ni entiende el lenguaje es diferente que más tarde, cuando se le puede explicar. Aunque el niño no comprenda completamente, sí que podrá entender lo más básico y concreto. Además, tendrá más capacidad para expresarse y podrá dar a entender cómo está y cómo se siente. Será más fácil acompañarlo. En cambio, cuando el niño es muy pequeño y está enfermo se le puede hablar como parte de las acciones de acompañarlo, de transmitirle un estado de ánimo tranquilizador, pero no es bastante con explicárselo, porque no entiende suficientemente. Es cuestión de que la madre, el padre o una de las personas más importantes para el niño, alguna de las que realmente lo harán sentir seguro y acompañado, lo tenga en brazos. Es cuestión de acariciarlo, mecerlo, como forma de estar con él, tranquilizarlo, reconfortarlo. Es importante tener en cuenta que el bebé no es alguien a quien le podamos explicar que lo queremos mucho pero que disculpe, que estamos ocupados y no podemos atenderle. Quererlo desde la distancia no sirve. Hay que estar con él, hay que tenerlo en brazos, acunarlo, tranquilizarlo. Dejarlo enfermo en la guardería es dejarlo con su malestar y su soledad. Todos los niños tienden a interpretar la separación como un rechazo, como una falta de interés, de cariño. El niño entiende que no le queremos, por tanto, se siente *no querible*. Estas vivencias son base de una baja autoestima, inseguridad y sentimientos de fondo depresivo que sufren muchos niños. Estas vivencias ponen en peligro sus posibilidades futuras en la medida en que la baja autoestima y los elementos depresivos ponen al niño en malas condiciones para salir adelante en su futuro.

En un impreso con orientaciones en relación a las guarderías y para padres de niños que asisten a ellas, se aconsejaba que los bebés enfermos se quedaran en casa «Cuando exista fiebre, llanto inconsolable, dificultad para respirar, inquietud o desgana». Esto significa cuando el niño está realmente mal, enfermo, cuando está muy decaído, abatido. Nuestra pregunta es: ¿Por qué razón el niño solamente puede dejar de ir a la guardería si se encuentra realmente mal? A esta edad, ¿por qué no puede dejar de ir a poco mal que se encuentre? La respuesta por supuesto es «porque los padres tienen que ir al trabajo». En estos casos se hace aún más dolorosamente evidente la necesidad de que la conciliación entre trabajo y crianza sea real. Además está la cuestión del número de horas. El 85 por ciento de los niñitos que van a guardería permanecen en ella más de cinco horas y muchos niños llegan incluso a estar allí ¡más de diez horas! Además, antes del año tienen mucha más propensión a contagiarse que a los dos años. Estas cifras nos inclinarían a llevar los niños a guardería no antes de los dos años.

He dicho antes que algunos profesionales de guardería se mostraban de acuerdo con lo dicho en la entrevista de

«La Contra». Ellos reconocían las dificultades existentes para dedicar suficiente atención a los niños, teniendo en general más niños en cada grupo de lo que ellos podían atender. Transcribiré, como muestra, dos de esas cartas. La primera es de M., educador infantil, y está en www.mimosytta.word press.com.

Su carta dice así:

Yo también he trabajado en escuelas infantiles y por orgulloso que esté con mi trabajo y el de mis compañeros no puedo sino estar de acuerdo con la doctora.

El problema es que hemos aceptado como normales unas condiciones de atención y laborales absolutamente irracionales, pero ha llegado el momento de cuestionarse si el objetivo es que de forma universal los bebés de 17 meses estén en centros o con sus m/padres.

Creo que estaremos completamente de acuerdo con él en muchos sentidos, pero uno importante es que se cuestiona si los bebés de 17 meses (no digamos entonces los de menos edad) deben estar en centros o con sus padres.

La segunda carta es de V., que también se presenta como educadora infantil. Se puede leer también en www.mimo sytta.wordpress.com.

Y dice así:

Pues yo también trabajo en un centro de educación infantil y estoy totalmente de acuerdo con este artículo. Los niños no están preparados emocionalmente para separarse de sus padres hasta los dos años y el separarlos antes de ese tiempo tiene un coste elevado.

Que un niño no vaya a un centro educativo hasta los dos o tres años no implica que no esté en contacto con otros niños, pero lo que sí implica es que no se separará por un período de tiempo excesivamente prolongado de sus padres.

¿No somos capaces de ser críticos con un sistema que se ve de sobras que no funciona y que hace agua por donde se lo mire? ¿Podemos aprender «algo» de otras experiencias?

Por ejemplo, de los países como Finlandia, que tienen espacios para que los niños vayan con sus padres a jugar, hacer música, movimiento, etc., y no a dejarlos en un centro para que los educadores se encarguen de trabajar los hábitos, les quiten el pañal, les enseñen a comer, etc.

¿Qué es lo que enseña un centro educativo antes de los dos años? ¿No son los padres las personas que deberían encargarse de estos aprendizajes si tuvieran más tiempo para dedicarles a sus hijos?

Estoy convencida de que si esto fuera así realmente habría muchísimas menos patologías en la infancia.

Gracias por publicar opiniones de este tipo en los medios de comunicación.

Estoy de acuerdo con el convencimiento de la autora de esta carta acerca de las funciones de los padres, su impresión de que el cuidado del cuerpo —control de esfínteres, alimentación, higiene— les corresponde a ellos si quieren conservar la cercanía y la intimidad con sus hijos. Otro punto importante que ella señala es la separación. La autora relaciona la separación, que considera que los niños no pueden asumir, con las patologías actuales, a las que me referiré más adelante. En otro momento diferencia la posibilidad de estar con otros niños de la necesidad de asistir a la guardería, con lo que resultaría que para la socialización no se necesitaría asistir a ella.

Transcribiré aún una última carta, de A., que dice que es enfermero y que está en un Centro de Atención Primaria en el que trabaja en el servicio de adultos y en el de pediatría. A. subraya puntos que he venido tratando hasta aquí y añade otros, por ejemplo cuando se refiere a distintas formas de tratar con la autonomía del hijo y diferencia también dar tiempo de sobreproteger. Refuerza la idea de que debemos luchar por cambiar las circunstancias en que se mueve la crianza. Añade, desde la evidencia, que los políticos no harán nada que no sea reclamado desde los ciudadanos, y aún si son mayoría. Por tanto, que para conseguir algo es cuestión de unir fuerzas.

La carta de A., que está en www.bebesymas.com, dice así:

Es muy habitual oír decir: «Déjalo en la guardería, que les va fenomenal», aun cuando la madre no trabaje.

Esta entrevista (y lo que dice Eduard Punset[20] y los últimos estudios) dice que lo ideal es que los niños crezcan con sus padres. La intención entonces no es hacer sentir mal a los padres y madres que no tienen otra opción, sino hacer ver a estos padres y a la sociedad actual que tener un hijo es en parte incompatible con el ritmo de vida que llevamos y que,

20. Programa *Redes*. Eduard Punset entrevista a Sue Gerhardt, en http://tu.tv/videos/redes-447-el-cerebro-del-bebe.

para solucionarlo, debemos luchar por bajas maternales y paternales más largas y porque, en vez de tanta guardería, se nos permita a los padres cuidar de nuestros hijos.

Los políticos no ofrecerán esto hasta que los ciudadanos lo reclamemos. Ellos sólo ofrecen lo que la mayor parte de los votantes piden, y hasta ahora, lo que se piden son centros donde dejar a los niños (que no digo que sea malo, sino que con sus padres estarían mejor).

Si alguien debe pagar la falta de tiempo de los padres no son los hijos, sino la casa, nuestra imagen o nuestro tiempo libre.

No todo es el factor «estímulo o falta de estímulo». En el momento en que un niño entra en una guardería entra a formar parte de un entorno extraño, ajeno al suyo propio, que le generará ansiedad y estrés hasta que se acostumbre a él. No es que se le estimule menos, es que ahí no estará en el sitio donde más seguridad siente, que es en casa, cerca de mamá, la mejor cuidadora del mundo.

Coincido en que no es bueno sobreproteger a un bebé, pero no sobreprotegerlo significa ofrecerle estabilidad emocional hasta el momento en que él quiera hacer uso de su autonomía.

Me explico. Mi hijo tiene tres años y es ahora cuando ha empezado el colegio y se ha separado de nosotros. ¿Tres años con papá y mamá es sobreprotegerlo? Por Dios, si hace tres años ¡ni siquiera existía! Hay personas que tardan eso y más en acostumbrarse a un cambio de vivienda o de trabajo y a veces ni lo logran.

Sobreproteger sería no permitir a un niño hacer uso de su autonomía cuando lo pide a gritos; cuidar y mimar, que es muy diferente, es proporcionar una base emocional sólida y estable para que, poco a poco, a medida que va aprendiendo cosas, vaya siendo más independiente porque él lo pida (ahora quiero comer solo, ahora quiero hacerlo yo, ahora quiero limpiar, ahora quiero jugar, ahora quiero...). Siempre que esos «quieros» no sean peligrosos para él o irrespetuosos para con los demás.

A. propone sus opiniones de forma cuidadosa, como no queriendo molestar a nadie, cuando dice por ejemplo «no digo que sea malo, pero lo otro es mejor». Habla del derecho a ocuparse de los propios hijos y subraya la necesidad de ser activos si se quieren conseguir progresos en ese sentido. Habla sobre la separación y la poca preparación que tiene el niño para asumirla a las edades de guardería. Apela a la empatía adulta para que no nos extrañemos tanto de que al niño le cueste asimilar la separación o los cambios. Describe la sobreprotección y la autonomía, y está a favor de que se permita al niño encontrar su ritmo, progresar como se atreva a hacerlo. Me parece útil esta propuesta de seguir al niño en su camino de independencia y de ayudarlo a asumirla, cosa distinta de darle prisa, presionarlo, forzarlo para que crezca rápido o, por el contrario, de retenerlo e impedírsela.

Al terminar esta revisión de cartas, doy las gracias a todos los autores por su contribución a seguir elaborando nuestro tema desde distintos ángulos.

Antes hablaba de cambios sociales que tenemos pendientes. ¿Cuáles han sido los que nos han llevado a este orden de cosas?

La crianza, una responsabilidad social

El sociólogo Lluís Flaquer se pregunta cuáles serán las características de la nueva familia que está emergiendo. En ella será necesario llegar, dice, a un compromiso entre los propios intereses y la imprescindible solidaridad del grupo familiar. En otras palabras, se trataría de conseguir atender las necesidades de cada uno de los miembros de la familia y especialmente de los más vulnerables, los pequeños. Pero ésta es precisamente la dificultad, ya que ¿qué es lo que estamos observando desde la escuela y desde la clínica?

Este sociólogo insiste en el problema de la falta de tiempo para estar con los hijos como característico de la familia post-patriarcal, y destaca que en nuestra sociedad es habitual que los niños estén solos en casa cuando llegan de la escuela y (por mi parte añadiría: en un desconocimiento total de lo que necesitan los niños) se espera de ellos que se preparen su merienda, que hagan los deberes por su cuenta y que estudien. Pero lo que sucede por supuesto no es esto, sino que precisamente porque están solos buscan compañía en la televisión, con lo que están demasiado tiempo cada día frente al aparato. Además, demasiado a menudo están «colocados» en un exceso de actividades extraescolares, y en general son atendidos por «canguros» que cambian frecuentemente. Esta misma falta de tiempo de los padres conduce a que hijos muy pequeños, los bebés, asistan desde demasiado pronto y demasiadas horas a la guardería. Sugiero que, en muchos casos, los padres, como no han conectado con el niño desde pequeño, tampoco conectan con el escolar, por tanto, desconocen lo que vive el niño y cuáles son sus necesidades. En el fondo desconocen a su hijo. Debido a esto pasan muchas horas ocupados fuera de casa.

Esta separación, que frecuentemente se convierte en ruptura, empieza muy pronto ya que hoy en día es común que una mujer no lacte a su bebé o, en el mejor de los casos, que a los dos meses comience a preparar el destete para reincorporarse al trabajo a los cuatro. ¿Con qué ánimo comienza la lactancia una mujer que sabe que enseguida tendrá que abandonarla? Significa que, tan temprano, cuando aún falta tiempo para que el vínculo entre el bebé y su madre esté bien consolidado, la madre se ve en la situación de romperlo, en ocasiones por temor a perder su puesto de trabajo. Además, como decía antes, estos padres que trabajan tantas horas no suelen llegar a casa con el estado mental necesario para interesarse por los hijos. Todo esto son algunas de las consecuencias de la falta de ayudas sociales reales o de una legislación que ayude a los padres a realmente conciliar las necesidades del hijo con su trabajo.

En cambio, sabemos que la procreación, además de ser un deseo de los padres, es también una necesidad social, por tanto la sociedad debe contribuir ayudando a la crianza. Pero ¿cómo responden los políticos ante la dificultad de los padres de realmente conciliar crianza y trabajo? Podemos señalar las demagógicas y repetidas campañas electorales donde se esgrime la promesa de crear miles de nuevas plazas de guardería, por tanto, para bebés entre cero y tres años. Ésta sería la forma de entender la «conciliación» entre trabajo y crianza por parte de los políticos: más horas y más plazas para institucionalizar a los bebés y a los niños pequeños, además con la propaganda equivocada de que así conseguirán mejores resultados académicos en el futuro. Como si a más horas de guardería se fuesen a obtener mejores resultados escolares, cuando es justamente lo contrario: a más horas de separación de los padres, más problemas escolares y de todo orden en el futuro. Por tanto, se está haciendo justo todo lo contrario de lo que sería necesario hacer.

Estas políticas anti-educativas, no solamente no atienden las necesidades de los más pequeños para el desarrollo de su salud mental, sino que tampoco preparan la tarea de la escuela de transmitir conocimientos y conducir a sus alumnos a un buen nivel académico.

Sin lugar a dudas, es en la familia, en el buen cuidado del bebé y del niño pequeño, donde en primer lugar se socializa el niño y, además, como he explicado, se sientan las bases de la capacidad de aprender, capacidades que después la escuela podrá desarrollar. Es en los primeros meses y años cuando se preparan las bases anatómicas y fisiológicas del cerebro para el desarrollo de la salud mental y del buen rendimiento escolar.

Las políticas educativas que pretenden arreglar el fracaso escolar con más horas de institución a cualquier edad o basadas en la absurda idea de socializar al bebé son anti-educativas para la población ya que transmiten a los padres un error fundamental de concepto: precisamente la creencia de que hay que «socializar» a los bebés a los pocos meses, que asistir muchas horas a la guardería es mejor que los cuidados que ellos pueden brindar y que los padres deben trabajar y esforzarse más para poder pagar muchas actividades extraescolares en aras de la formación y el futuro académico de sus hijos.

Es preocupante tanto retraso en la promulgación de leyes que realmente permitan una verdadera conciliación. Serían las que atendieran las necesidades de los pequeños en materia de salud mental y, por ende, de aprendizaje. Claro que también es verdad que mientras los padres tengan el convencimiento de que lo bueno para sus hijos es la guardería y mientras consideren sus propias capacidades de crianza y de educación como de segundo orden, seguirán pidiendo más guarderías y no estarán preparados para reconocer y exigir lo que sus hijos necesitan. Solamente si se llega a cambiar la desvalorización que los padres hacen de ellos mismos, si se dan cuenta de la importancia de su propia función en relación a sus hijos y la valoran como lo primero que ellos pueden ofrecerles, llegarán a recuperar la orientación y la fuerza para exigir lo que sus hijos necesitan.

Mucho mejor que una crianza fuera de casa, en la que intervienen demasiadas personas, demasiado pronto y con demasiados cambios, en la que se busca una socialización prematura del bebé, es que el bebé esté cuidado por un grupo muy reducido de personas. Es importante que sean siempre las mismas, que lo quieran y para las que él sea importante y significativo, que conozcan sus necesidades y preferencias, y entre las que él pueda orientarse completamente. Es válido que estos cuidados se prodiguen mayormente en casa y en los espacios conocidos por el bebé, de forma que éste pueda orientarse más fácilmente. Para él, es mejor que los cambios sean graduales y que lo acompañen los padres o personas más conocidas para que no pierda completamente los puntos de referencia. Es importante –y esto es válido siempre para los niños pequeños– explicarles lo que viene a continuación. Pongamos por caso ante una salida familiar, contarle a dónde van, a quién verán, qué harán. Si va a quedarse con alguien que no son los padres, decirle con quién se quedará, por cuánto rato, qué harán, de manera que él esté completamente orientado o por lo menos orientado hasta donde es capaz. Demasiado a menudo se lleva al niño como si fuera una maleta y se lo deja y se lo recoge sin explicar nada, de manera que el niño va a ciegas, tiene que irse orientando como puede y con mucha frecuencia pierde los puntos de referencia y se confunde. Esto suele generarle mucha más inseguridad, incerteza y ansiedad, ante las cuales otra posibilidad del niñito es desconectar y «no saber nada».

Supongo que se habrá ido haciendo claro que las condiciones básicas del progreso del bebé apoyan en todo aquello que le sirva para orientarse y ayudarlo a diferenciar. A él le hacen falta suficientes pero no excesivos estímulos, que todos sean muy importantes y significativos, que se repitan de forma que él los pueda ir reconociendo e integrando.

Los problemas

No tenemos noticias de estadísticas o estudios que relacionen la evolución de los niños con la forma como ha sido su crianza, sus primeros años, quién se ocupó del niño desde el nacimiento, qué trato se le dio. A falta de estos estudios, nos detenemos a pensar en los cambios que observamos en nuestras consultas públicas y privadas, que tantas veces nos han preocupado. Compartimos este malestar con colegas de especialidad; lo han expresado muchas veces en intercambios profesionales. Se trata del aumento que notamos de determinados problemas. En seguida destacaré los más señalados. Antes decir que una asignatura pendiente que tenemos los profesionales que nos ocupamos de la crianza, la evolución y sus problemas es poner en marcha estudios que, por lo menos estadísticamente, nos expliquen la relación entre edad de comienzo de la asistencia a la guardería, el número de horas diarias y la evolución emocional, relacional, intelectual y social de los niños. Vuelvo ahora a los problemas que detectamos.

En primer lugar, citaría el desgraciadamente famoso síndrome al que hoy en día llamamos TDAH (trastorno por déficit de atención e hiperactividad). A lo largo de los años se ha ido dando distintas denominaciones a este trastorno. Se trata de niños hiperquinéticos, inquietos, dispersos, a los que les cuesta estar quietos, prestar atención, concentrarse en algo y por tanto en la escuela les es difícil aprender. El psiquiatra Luis Mauri[21] dice que estos niños con déficit de atención son en realidad niños con necesidad de atención. No podemos estar más de acuerdo. En realidad la hiperactividad es un síntoma que puede corresponder a problemas muy diferentes de fondo. A menudo se medica a estos niños como único tratamiento sin haber indagado cuál es el verdadero problema. Una de las alarmas de hoy en día, sobre todo en las escuelas, es el marcado aumento de niños que presentan esta dificultad.

Citaría también lo que hoy en día se denomina TGD (Trastorno General del Desarrollo). Se trata de niños pequeños, en sus primeros años, que evolucionan con retraso psicomotor general: retraso en la esfera motora (marcha y habilidades motoras), en la evolución del lenguaje (habla, expresión oral poco organizada, dificultades de articulación) y en otras esferas evolutivas (comprensión, a veces control de esfínteres, etc.). Cercano a este síndrome y más grave hallamos también el TEA o Trastorno del Espectro Autista. Se trata también de niños pequeños en sus primeros años, que presentan dificultades de relación con su entorno, con los otros niños de su misma edad, tendencia a desconectar y generalmente también retraso general del desarrollo. Estos dos síndromes han aumentado mucho en los últimos años y ambos aparecen como un trastorno del vínculo, creado en relación a una crianza con interacciones muy escasas o poco válidas y poco integrables.

21. Comunicación personal, en Hospital Sant Pere Claver (2010).

Como cuarto problema citaría el fracaso escolar. Generalmente son niños considerados inteligentes, que desde los primeros años de la escuela primaria tienen dificultades para aprender. Es frecuente que tengan dificultades para aprender a leer y a escribir, y con frecuencia el problema va asociado a dispersión y dificultades para atender. No es excepcional que la escuela diga que no alcanzan a comprender los conceptos.

Preocupan también los adolescentes pasivos que llegan a nuestras consultas, desinteresados de todo, frecuentemente con adicciones al *messenger*, al móvil, a los juegos de ordenador, a veces enganchados directamente al consumo de drogas, con tendencia a la sexualidad promiscua e irresponsable. En la carta al consejero Maragall, los padres también se interrogan en relación a adolescentes con problemas depresivos o con trastornos de conducta. Recordemos que Belsky relaciona los trastornos de conducta y la agresividad a un exceso de horas de guardería. Cuantas más horas, se observan más dificultades de este tipo.

Es de esperar que, a medida que cumplamos con nuestras asignaturas pendientes, vayamos también siendo capaces de ayudar a los padres a recuperar su posición valorada y fuerte en relación a sus hijos; contribuyamos a ofrecer a éstos una crianza válida para su evolución y para el desarrollo de sus capacidades potenciales, y entre todos consigamos mover la organización social hacia una situación laboral y económica mejor, que haga posible a los padres conciliar bien su vida familiar con su vida laboral y sus éxitos en el trabajo.

Conclusiones |

Las investigaciones sobre el vínculo y la teoría del apego y aquellas en neuropsicología realizadas en base a la neuroimagen dejan bien clara la importancia de las interacciones de calidad entre el bebé y su madre como promotoras del desarrollo del cerebro. Por esta vía, son asimismo promotoras del desarrollo intelectual, emocional y social.

La calidad de las interacciones y por tanto su destino, depende del tipo de crianza que los padres ofrecen a su bebé, que a su vez depende en buena medida de la organización social y del tipo de «conciliación» que los padres establezcan entre el cuidado del bebé y su trabajo.

Los cambios sociales de las últimas décadas han conducido a que los bebés asistan desde demasiado pronto y demasiadas horas a instituciones que se ocupan de su crianza.

Esta «institucionalización», en contradicción total con lo que las investigaciones citadas nos enseñan, altera el carácter de las interacciones a veces con graves perjuicios para la evolución del niño. Estos cambios se aprecian en la consulta de psiquiatría-psicología de niños. Sería importante investigar la relación que existe entre los cambios que los profesionales observamos en los problemas psicopatológicos de los niños que nos consultan y la modificación de los sistemas de crianza. Otro aspecto relacionado con todo esto es el aumento alarmante de la prescripción de psicofármacos, que pretende sustituir la contención de calidad que sería una buena crianza, por una «contención» química con sus riesgos y contraindicaciones.

Hasta ahora, la aportación de los políticos a la «conciliación» ha sido la creación de nuevas plazas de guardería para institucionalizar a más bebés desde más temprano en sus vidas y la propaganda antieducativa de que más asistencia a institución aporta mejores resultados académicos en el futuro, cosa que el informe PISA del 2006 demuestra que es falsa.

Creemos que ya sería hora de que se ayudara a los padres a una conciliación real entre trabajo y crianza. Consistiría en ofrecer ayudas económicas o de reducción de jornada a aquellos padres que desearan ocuparse personalmente de sus hijos, con conservación de sus puestos de trabajo y sueldo, y con reciclaje gratuito para las madres cuando se reincorporaran a su puesto laboral.

Además, sería necesario contrarrestar la des-educación que se ha producido en las últimas décadas informando muy seriamente y de forma clara y educativa acerca de lo que los bebés y sus padres se juegan según la forma de crianza que escojan para sus hijos.

Referencias

Ainsworth, M., Blehar, M., Waters, I. y Wall, S., (1978). *Patterns of attachment. A psychological study of the strange situation.* Lawrence Erlbaum Associates, Hillsdale.

Ansermet, François y Magistretti, Pierre (2006). *A cada cual su cerebro. Plasticidad neuronal e inconsciente.* Buenos Aires. Katz Editores.

Beà, Núria (1992). «Acudir enfermo a clase». *La Vanguardia.* «Medicina y calidad de vida». 14 de febrero. Barcelona.

Belsky, Jay (2001). Emanuel Millar «Lecture developmental risks (still) associated with early child care». *Journal of Child Psychology and Psychiatry and Allied Disciplines,* 42 (7): 845-859.

Belsky, Jay (2006). «Effects of child care on child development in the USA». Published in *J. J. van Kuyk (Ed.). The Quality of Early Childhood Education* (pp. 23-32). Arnheim, The Netherlands: Cito.

Belsky, Jay (2009). «Effects of child care on child development: give parents real choice». *Institute for the Study of Children, Families and Social Issues.* Birkbeck University of London.

Bethelheim, Bruno (1974). *Los niños del sueño.* México. Siglo XXI.

Bowlby, J. (1951). *Soins maternels et santé mentale.* Genève. Organisation Mondiale de la Santé.

Bowlby (1969). *Attachment and loss.* Hogarth Press. London. Versión castellana: *El vínculo afectivo* (1983). Buenos Aires. Paidós.

Brazelton, T. B. y Cramer, B. G. (1993). *La relación más temprana.* Barcelona. Paidós. (1990).

Corominas, Julia (1991). *Psicopatologia i desenvolupament arcaics.* Barcelona. Espaxs.

Cyrulnik, Boris (2002). *Los patitos feos.* Barcelona. Gedisa.

Daher, C., Taborda, A. y Díaz Bonino, S. (2010). «Resultados preliminares sobre la experiencia emocional en bebés frente a la separación con sus madres por retorno laboral». En A. Trimboli, J. Fantin, S. Raggi, P. Fridman, E. Grande y G. Betran (Compiladores). *Trauma, historia y subjetividad* (pp. 113-115). Buenos Aires. AASM-Conexiones. En prensa.

Flaquer, Lluís (1999). «Família i educació». Publicado en el libro: *Per una ciutat compromesa amb l'educació.* Volumen II. Instituto de Educación del Ayuntamiento de Barcelona. pp. 77-93.

Fonagy, Peter (2004). *Teoría del apego y psicoanálisis.* Barcelona. Espax S.A.

García-Tornel, Santiago (2007). Carta a *La Vanguardia* del día 4 de diciembre.

Gerhardt, Sue (2008). *El amor maternal.* Barcelona. Ed. Albesa.

Ginovart, Gemma (2010). Cuidados centrados en el desarrollo: un proyecto común. *Revista Aloma.* URL. Blanquerna. En prensa.

Jordà, Roser y otras firmas (2007). Carta a *La Vanguardia* del día 2 de diciembre.

Marrone, Mario (2001). *La teoría del apego. Un enfoque actual.* Madrid. Editorial Psimática.

Referencias

Piontelli, Alessandra (1997). «From fetus to child». Tavistock Routledge. Londres. Nueva York. *The New Library of Psychoanalysis*, número 15.

Rygaard, Niel Peter (2008). *El niño abandonado*. Barcelona. Editorial Gedisa.

Spitz, R. (1968). *La première année de la vie de l'enfant*. París. P.U.F.

Torras de Beà, Eulàlia (2002). *Dislexia en el desarrollo psíquico*. Barcelona. Paidós.

Torras-Lungwitz, Mariano (2010). *The hidden costs of child care*. En español: *Los costes encubiertos del cuidado de los niños*. Traducción: Prof. Mercedes Valcarce. *Psicopatología y salud mental en niños y adolescentes*. www.fetb.org.

Su opinión es importante.
En futuras ediciones, estaremos encantados
de recoger sus valoraciones sobre este libro.
Por favor, háganoslas llegar a través de nuestra web:

www.plataformaeditorial.com